何もわからないままフリーランスになっちゃいましたが税金で損しない方法を教えてください！

お金のこと

難しいことは
ぜんぜん
わかりま
せ～ん！

税理士
大河内薫

漫画家
若林杏樹

sanctuary books

プロローグ
私の名はあんじゅ先生
成せば成る！

3年前に脱サラしたフリーの漫画家である
カキカキ
フー
自分を信じろ〜信じれば終わる

フリーランスになって1年が過ぎた初夏……
成せば成る！
とある恐ろしいことがおこった

2年前

なんか届いているわよ
アマゾンほしいものリストかな？

パサッ
○△市税事務所

なにこれっ？

ペロペロ…
税……？
○△市税事務所
電話
FAX
ぱーん
!?

何これ？
税務署？からの通達!?
市税事務所です
おたずねしたいことがあります
次の期限までにおいでください
期限
平成 29 年
8 月 23 日まで
ゴゴゴゴ
え、え、なになに
何これ怖い!!

税……金？
もしかしてこれっ
確定申告ってやつ？
？

確定申告なんて
やってませんよ

フーン
そういえば
3月ごろ
……
3月の末
祝って
私の
誕生日っ
HAPPY
BIRTH
DAY
それどころ
じゃないんだ
確定申告がァア
おおお
金が!!
金がとられる
けいひ!
せつぜい!
ギャー
ぬおおお
そういえば
みんな大変そうだったなあ
稼いでいる人は
税金高いって聞くし
確定申告って
よくわかんないしな
ネットで検索っと
Gougle
確定申告
まあもし
できそうなら
やってみっか……

え～っと
確定申告はさ……
確定申告とは・・・
3月15日までにするものと

ちょっとまった絶対3月じゃないとダメなのか!?
えっ！今は……
ばっ

6月25日……
……!

全然間に合ってないじゃない
うぐっ

全然間に合わなーい♡
おうかがいしたいことがあるんじゃオラ
税
ギャヤア!!!

レシートをある分だけかき集めよう！
えー
父さんは売上まとめて！
ぺぺぺ
どれが経費になるのー⁈
マンガ代は？ググってもわからん！
私は請求書まとめるわ
とりあえずなんとなくまとめた書類を持って市税事務所へ
これでいいのか？
事務所の人にちまちまチェックされて……
自宅なのに交通費？経費として認められません
いや打ち合わせとかあるんで……
なんとか受理してもらいました
すごいチェックされて困った……
あれから確定申告や税金が不安で仕方ない
何がわからないかもわからず現在に至る……
これで放置でいいのか‼
次の確定申告どうしよう
何も知らずにフリーランスになっちゃった
絶対私の他にもわからない人いるはず
税金コワイ
ムズカシイ〜
こんなはずじゃなかったのに
みんなはどうしてるんだろう？誰か教えてくれ〜
ズロ!

どうも！
税理士の大河内薫です！
お困りですかオジョ〜サン♡
ジャーン！

ぜい…りし？
税理…士？
ばーん
バラを背おってる
べんごし
しほうしょし
かいけいし
えらいんっ
ぜいりし！
ポンッ
今日はオフの日ですか？
Tシャツ…
イイデスネ〜
しかもイラスト付き

バリバリ仕事デイですよ
来客あったし
スーツやだし……
え～～っいいのか?!
ラフー
税理士の先生ってもっとカタブツだと思ってました
フム
ラフでいいんだよ～い
そんなラフでいいんか～い

うーんっ
税金って難しそうだしこんなフリーランスなりたての私が聞いちゃいけないイメージだったんですが
この大河内さんなら
税金のこと知らないとヤバいかもよ～
聞けそうだぞ

税金で損はしたくないんです教えて下さいっ！
だんっ
ああっ
キュピーン

ぼくは日芸（日本大学芸術学部）出身の税理士
芸術や芸能系から
ブロガーまで
フリーランスやクリエイターの
税金関係はたくさん見てきました
パァーー
税金を知らない人は必ず損をする！
みんなにもっと税金を賢く学んで向き合ってほしい
輝いてるーっ
いいですよ
色々ぶっちゃけて
教えてあげます
やった〜
ありがたや
ありがたやぁ
ポワ〜
数字とか
ムリなんで
助かります
えっ
イヤ〜
ちゃんと理解して
もらうために
教えるんだよ
ガーン
カーッ
知って得する
税金のこと
この大河内が
やさしく解説
しまーす
じゃーーん
パチパチパチ…

目次

CONTENTS

4章 ぶっちゃけどうなの？ 経費と領収書

5章 いざ！ 確定申告

6章 もっと知りたい！節税＆お得なテクニック

7章 実は得する？副業と確定申告

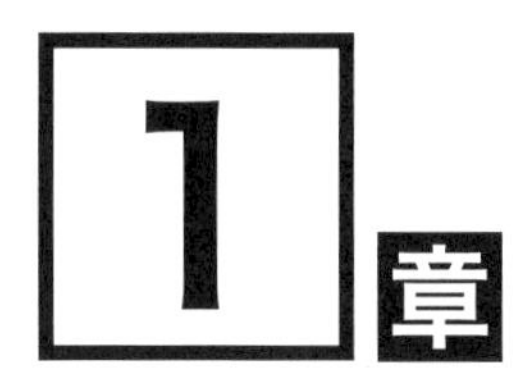

1章

何が違うの？ フリーランスと会社員

フリーランスになったはいいけれど……？

5年で退職！
退職届

……。
サッ
ゾリ
晴れてフリーランス
ニ

華麗にフリーランスに転身っ
とまあ勢いで退職しちゃいましたが
あっはっは
税金のことなんてなんにも考えてなかったんです
ウンウン
多分、世のフリーランスの9割くらいは何もわかってないと思います
フウー
9割はちょっと多いかな
とりあえず節税がしたいです私
節税って言葉は知ってるのね
オトクに生きていきたい♡
ちゃりーん
ちゃりーん
あとは…ウーン。
おっ
わからないことがわかりません
キャッ
それは大変だ…！なんかちょっとでも知ってることある？

とりあえずっフリーランス初心者の私が知っていること！
おお
•フリーランスの税金は高いから、節税するといいらしい
•とにかく領収書はもらえ
•とにかく領収書は保存しろ
•確定申告は青色がいいっぽい
このあたりは聞いたことあります

あと、青色申告会というのがあると聞き勉強会に参加したことがあります
うお～めっちゃえらい！
青色申告会とは納税者が自発的に集って生まれた納税協力団体です。
クイッ
寝てたので記憶がありませんしかも私は白色だった気が……
ガクンガクン
うおーん有料なのにィ～
もったいな～いっ
※青色申告会は有料です。

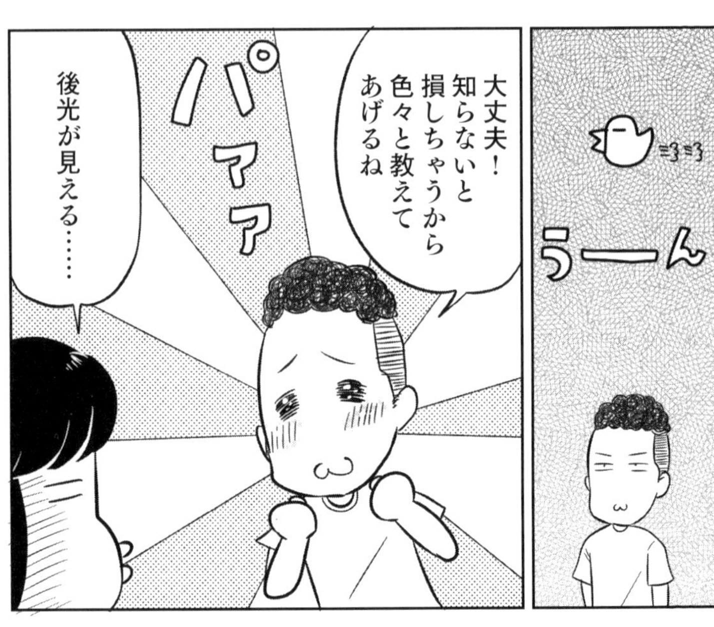

［経費の概念などが難しい最新のWebサービスに詳しく、自分でもバリバリ使いこなす！自身のYouTube登録者数は20万人超！］

［副業やYouTubeの税金にも精通！］

は〜い
よろしくネ〜
大学
そもそも
会社員の時は
税金なんて
気にしてません
必ず
とられるし
しかたない
もの

じゃあ
フリーランスに
なったら
どうするの〜
えっ
誰がやるの？

自分だよ
オロオロ
ですよね〜

会社員の時
給料から天引き
されてたでしょ？
あ……
そういえば
引かれてる…
あれを自分で
管理して計算して
税金を納める
それが
フリーランスの税金
かんり
けいさん
そんなこと
急に言われても

源泉徴収票が教えてくれること

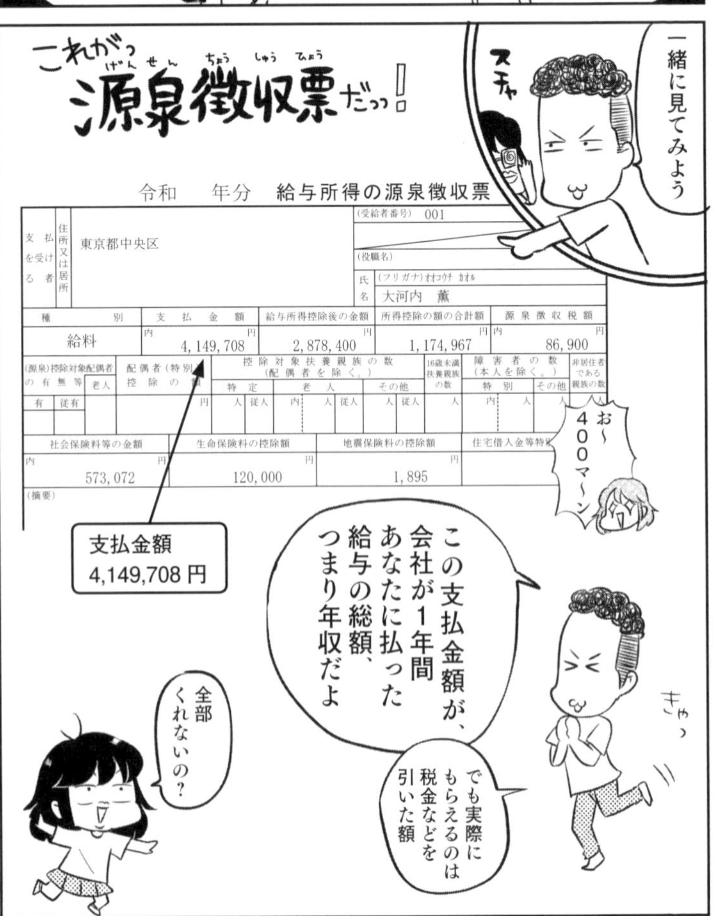

令和　　年分　給与所得の源泉徴収票

支払を受ける者	住所又は居所	東京都中央区	(受給者番号) 001
			(役職名)
		氏名	(フリガナ) オオコウチ カオル　大河内　薫

種別	支払金額	給与所得控除後の金額	所得控除の額の合計額	源泉徴収税額
給料	内 4,149,708 円	2,878,400 円	1,174,967 円	内 86,900 円

社会保険料等の金額	生命保険料の控除額	地震保険料の控除額	住宅借入金等特別
内 573,072 円	120,000 円	1,895 円	

(摘要)

問題はここからいくら引かれたのかですね
大体ここを見ればわかるよ
年収から引かれているのはこの部分！
源泉徴収税額 86,900円
これが所得税
社会保険料 573,072円
これが健康保険と年金

年収 4,149,708円
所得税 －86,900円
健康保険＆年金 －573,072円
手取り 3,489,736円
414万円から348万円に……！60万円以上も……！
ポチポチ
そんなにとられるのか
わぁぁぁ

この紙にはのってないけど住民税もとられます
ハ〜ン♡
市
まだとるんかいっ
ヒイイ!!
おかね
いただきま〜す♡
ゆるしてちょ〜

こんなに引かれていたのに気づかなかった
払った自覚はないかもね
ギゅうう
つまり会社員の時にもらっていたこの源泉徴収票とは
ピョーン
会社が年末調整をして
年末調整
はっはっは
1年で会社はあなたに給料をこれくらい払いましたそのうち
これだけの額は税金や社会保険料として代わりに払っておきました
ということを教えてくれる紙である！

ばーーんっ
パチパチパチパチ…
おお〜

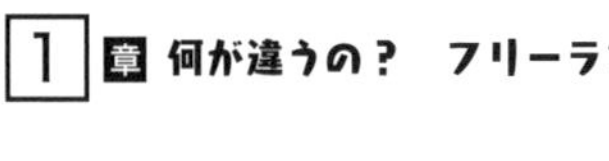

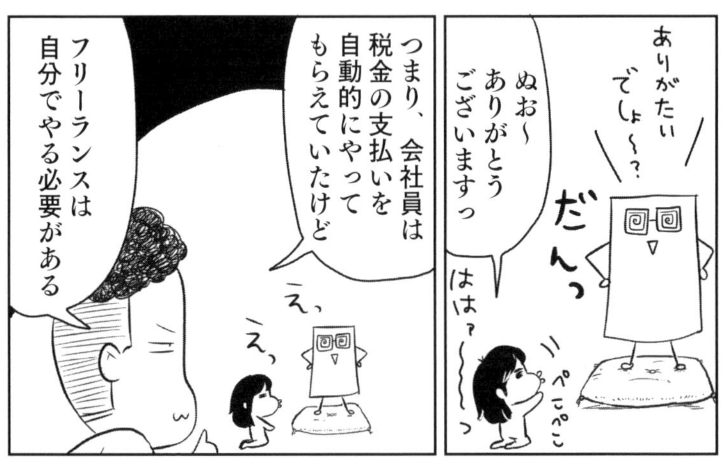
ありがたいでしょ〜？
だんっ
ぬお〜ありがとうございますっ
ははァ〜〜っ
ぺこぺこ
つまり、会社員は税金の支払いを自動的にやってもらえていたけど
えっ
えっ
フリーランスは自分でやる必要がある

自分でやる〜〜〜〜?!
えっいらないの?!
どういうこと!!
ぱっ
そう

これが確定申告と納税なんだ!!
どんっ
もう私、源泉徴収票にたよらないっ
わあああ…
オレがいなくていいのか!?

会社員とフリーランスのちがいまとめ

フリーランスと会社員の違いをまとめてみたよ！

お〜！

フリーランス		会社員
売上（事業所得）※	収入	給料（給与所得）※
自分で確定申告	税金の計算	会社が年末調整
自分で納付	納税	会社が納付
自分で全額負担	社会保険	会社が半分負担
全部自分で！	結論	会社におまかせ！

※所得税を計算するときの収入の種類

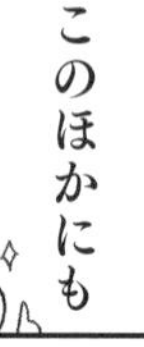

このほかにも

大きな違いは
信用問題！
・・・・。
信用……
そっ、
そういえば
昔、不動産会社
ウィーン
いらっしゃい
ませ〜
正規大学職員
ザマス
ばーん
いいお部屋ありますよー
駅チカの新築見てみます？
現在、不動産会社
ウィーン
いらっしゃい
ませ〜
フリーランス
ザマス!!
ばばーん
ご案内できる部屋は
ありませんね〜

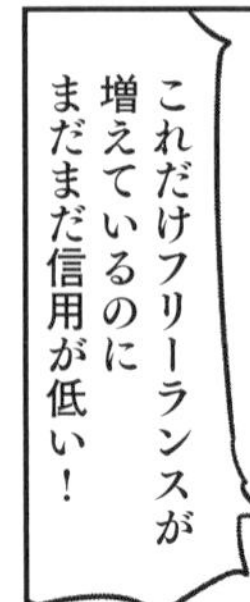

信用問題とは

・家が借りづらい
・住宅ローンが通りづらい
・クレジットカードが作りづらい

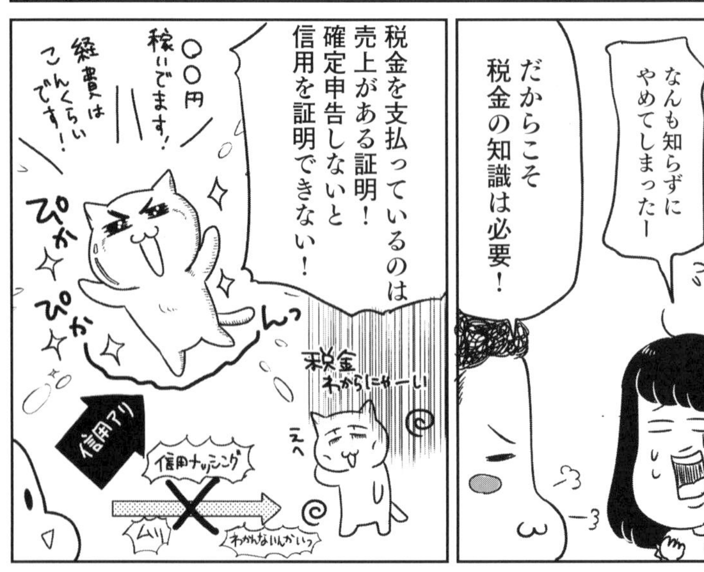

う……
そんなの
知りませんでした
知らなくて
当然！
わからんのよ
学校は
税金のことを
教えてくれないっっ
税金を義務教育にっ

だからこそ、この大河内！
フリーランス最大の
難関である確定申告への
苦手意識を
どうにかせねば！
税理士の星
ゴゴゴゴ
ババーン

なるほどっ
よーし私も
売上！
経費！
保険！
あともろもろ…
キュピーン
レシートごっちゃ～
大丈夫！
シャッ
数字を見てたら
溶けてきました……
私は小二の九九が
数字のピーク
なのよ……
でろでろ

実は、確定申告で
100点とれている
フリーランスは
いないいんだよ!!
え〜〜〜!
エンジェル
大河内っっ
天使の
ほほえみ
や〜〜!
パァァァ

フリーランスの
所得税は
「申告納税制度」
といって
自分で税金を
計算して申告し
納税をすることに
なっている
税務調査が
来た時が
初めての
答え合わせ
おねがい
しま〜す
税務署職員
HAHA
HAHA
こちらに
領収書あります

ただし、税務調査は
「もしも」なので
必ず来るわけではありません
来たとしても
数年後

自分が支出したものが
どこまで
経費になるか?
が主な論点に
なるんだけど…
間違っていた
からといって
そこまで
怒られません
この経費は
認められません
レシート
スミマセン

満点はとれなくてもまずはいくつかポイントを知っていれば大丈夫～！
確定申告
バーン！
お～～～～～～！
いえーいっ
いえい

わーい わーい
どんちゃん
どんちゃん
いやちょっと待って!!
確定申告とかの前にさっきの紙に書いていた用語がどれもわからん!!

げんせん？所得税？何を指しているのか意味すらわからないんですけど
住民税
所得税
ほかになにが
あるの？
小難しい書類
よーし！まずはざっくり税金を見ていくよ！
おお…

フリーランスになる!と決めたら、まず何をすべき?

意外と盲点!「なる前」にやっておこう

フリーランスと言っても、様々な職種がありますよね。おそらく副業・脱サラ組の方々は、インターネットを介したイラストレーター、デザイナー、ブロガーさんなども多いと思います。あんじゅ先生も、SNSで全力発信して仕事を獲ってくる、次世代タイプの漫画家さんです。

税理士も個人事業主として活動するなら広い意味ではフリーランスですね。わたくし大河内は会社も経営しているのでフリーランスではありませんが、フリーランスやクリエイターにはとことん優しいです、ハイ。

さてここでは、「よし! フリーランスになるぞぉ!」と思ったその日から、どんな準備をすれば良いかを教えます。職種に関係なくね。

まずは思い立ったその日から、**ひたすら領収書やレシートを集めましょう**。開業前とか後とかは関係ないです。

というのも、まだ会社をやめていなくてもOK。**開業前に使った仕事関連の経費は、後々「開業準備費用」ということで確定申告に反映できるから**です。これを逃すのはもったいない! だから、**名刺は開業前に作るのがオススメ**です。作成にかかった費用は経費にできるし、開業後のゴタゴタで作り忘れて、大事なところでチャンスを逃したら大変です。

また、脱サラ組の方々は、フリーランス転身直後は、外部機関からの信用が著しく下がるため、諸々の審査に通りづらくなります。**退職する前に〝絶対に〟クレジットカードを作っておきましょう**。あと引っ越す予定がある場合は、こちらも退職前に契約しておくと一安心です。

「開業届」を出しに行こう！

無事に準備が整ったところで、大事なのが**「開業届」という書類。**ざっくり言うと「私はこういう事業をやります！」と国にお知らせするもので、自分が事業の拠点とする所在地（自宅を事務所にする場合は住所地）の管轄の税務署に提出する必要があります。管轄の税務署は国税庁のHPで調べることができるし、用紙もダウンロードできます。税務署に直接行って「開業届を出したい」と伝えればその場で記入して提出できます。

基本は「開業後1ヶ月以内に提出」ですが、もし**過ぎてしまったり、事業がまだ軌道に乗っていなくても、必ず出しておきましょう。**

後々マンガで登場するのですが、フリーランス初年度から様々な特典が受けられる青色申告を行うには「青色申告の申請」が必要で、この「開業届」と一緒に提出することが望ましいからです。

開業届はA4サイズ1枚で、提出に手数料はかからず、税務署に持参するか郵送で提出してあっけなく完了です。これで晴れて「フリーランス」としてスタートラインに立ったことになります。

■ 開業前にやることリスト

- □ 開業準備で使った経費のレシートや領収書を保管する
- □ 名刺を作る
- □ 会社員の場合は、クレジットカードを作る
- □ 会社員で引越しの予定がある場合は、契約をする

■ 開業したらやることリスト

- □ 開業届と青色申告承認申請書（▶詳しくは5章で！）を税務署に提出する
- □ 国民年金と国民健康保険の手続きをする（▶詳しくは3章で！）

1章のまとめ

◎会社員は会社が給料から天引きして勝手に納税してくれるが、フリーランスは自分で計算して納税する必要がある
◎フリーランスは外部機関からの信用が低くなる場合も
◎「税金を払っている」＝「売上がある」＝「信用」につながる

ぶっちゃけポイント

「フリーランスになろう」と思ったその日から、準備に使ったお金は経費にしてOK！

会社員の人は、今のうちにクレジットカードを作っておくべし！

2章

誰も教えてくれない
税金の話

あれは
退職してすぐのこと
とある封筒が届いた
なんじゃらホイ。
市役所から2通
何かが在中……
なんじゃこりゃ
イヤな予感しか
しないよお
え～っと
なになに
市民……税？
金額は
に……
カサ…
あなたの税額を以下の
219700円
ガーン
21万?!
もうひとつ
は……？
3万3千円…ッ
合計25万
…？
ガク
サァ…

退職日当日
退職だね
ありがとう
お疲れさま
パチパチ
おめでと〜

これが退職金だよ！
ありがとういただきます
まァ♡
ポワーン

ここでもらう最後のお金だ大切に使おう

オオ…
それが……
ほとんど!!
んなァ!!
よくわからん請求でなくなる…ッ!!

はい確かに受け取りました
ハイ
あっさりなくなった……私の退職金が!!

税金めぇ……
税金めぇ……

現在に戻る
はい、じゃあさっそく何か聞きたいことあるー？
あの時焦って払ったけど、払わなきゃいけなかったのか?!
はっ
実は……かくかくしかじか25万円も一気に税金がのしかかってきたのです……
あれは払う必要があったのでしょうか？
かわいそうに
とっておき節税テクがあったのかも
この章から白Tです。
必ず払う必要アリ！
ドバッ
払う必要アリ!!
ぐっさー
25万円も……
ああ……
税死
ダイイングメッセージ……！
脱サラフリーランスは税金が重い
えーっと……
ちーん
あわあわ

［交番やゴミ収集の利用が無料！］

［医療費が3割負担！］

まず知っておくべき４つの税金

あれー？住民税って田舎の方が安くなるんじゃないの？
自然がいっぱいで安そう！
それはよくある勘違い
自分が稼いだ分から10％なので住んでいる場所は関係なし！
そうなのね〜

住民税ってどこで払うのかよくわからないいんですけど
確定申告をすると市町村に所得の情報がいき、その額をもとに住民税が決まって通知が来るんだよ
10％ですよぉ〜
確定申告！
所得税をもとに役所の人が計算！
住民税が決定！
きたっ
所得税が決まると、住民税も決まる！

……ってことは？
あの時に請求されたのは住民税!?
25ち!?
えええっ!?
ピンポーン

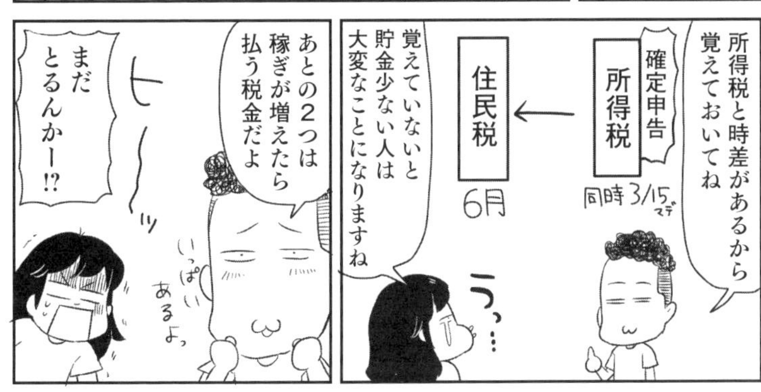
所得税と時差があるから覚えておいてね
確定申告
所得税
同時3/15マデ
住民税
6月
覚えていないと貯金少ない人は大変なことになりますね
うっ…
あとの2つは稼ぎが増えたら払う税金だよ
いっぱいあるよっ
まだとるんかー!?

事業税
これも所得に対してかかる税です
さらなる税がっ
ちょっと変わった税金なんだけど漫画家のあんじゅ先生は免税！
パァー
ありがてぇぇ
え？でもなんで？
職種によって払う人もいれば払わなくてもいい人もいて
職種よって…税率0%〜5%ちがう！
事業税
確定申告
すると地方から通知がくる。
利益が290万円以下の人は免税されます
へぇ〜
事業税がかからない職種例
芸術
画家・漫画家・音楽家・文筆家など
林業
農業
（一部）
医療
などなど。
立法当時守ろうとした職種なのでは！

ってことはこの本の売上も非課税?!
文筆業収入だからね♡非課税！
非課税
ファー
職種別の税率はたとえばこんな感じです

●第1種事業　5%

幅広いサービス業
販売業・製造業・運送業・飲食店業・
広告業・請負業など

●第2種事業　4%

畜産業・水産業・薪炭製造業の
3つのみ

●第3種事業　5%か3%

5%
医業・歯科医業・薬剤師業などの
医療関係
弁護士業・司法書士業・行政書士業・
税理士業・公認会計士業などの士業
理容業・コンサルタント業・
デザイン業など

3%
あんま・マッサージ業　装飾師業

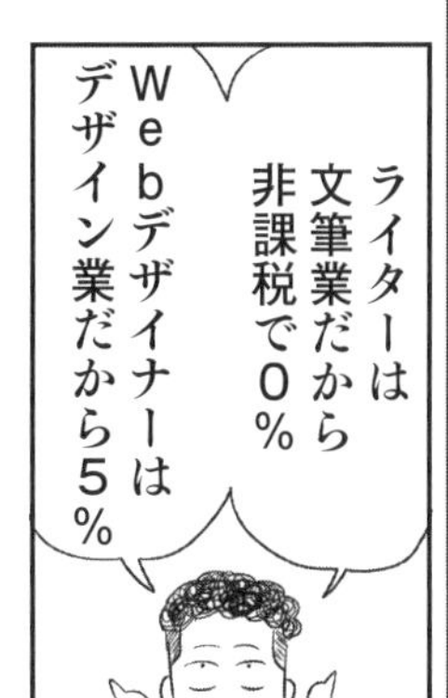

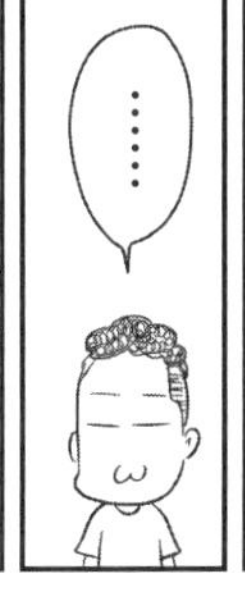

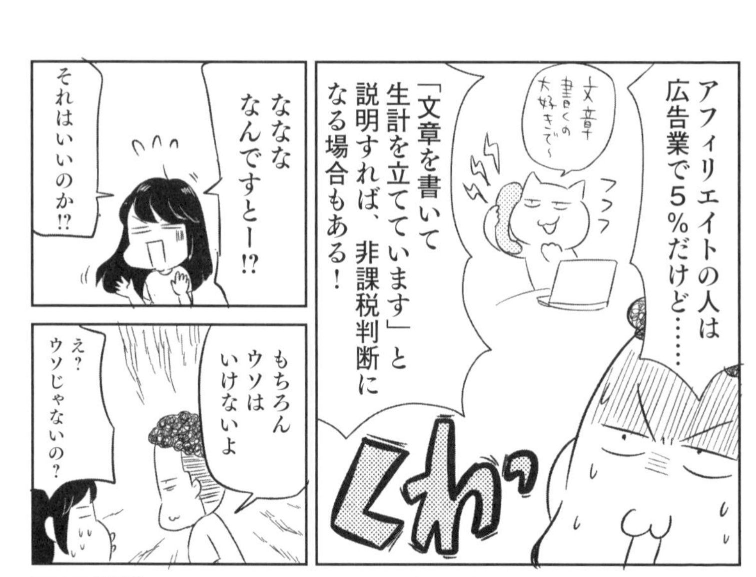
アフィリエイトの人は
広告業で5%だけど……
文章書くの大好きで〜
フフフ
「文章を書いて生計を立てています」と説明すれば、非課税判断になる場合もある！
くわっ
ななな
なんですとー!?
それはいいのか!?
もちろんウソはいけないよ
え？ウソじゃないの？

役所の人にブログやアフィリエイトの細かい説明してもわからないでしょ？
文章書いて生活してる…って…そんな
ウソじゃないでしょ？
!?

あとは役所が非課税と判断してくれたらラッキーで
神頼み！
ハーイ
文筆家さんだね〜
そっか〜
今は新しい仕事がたくさんできているしちゃんと説明できないとね！
プログラマー
エンジニア
インスタグラマー
ユーチューバー…
たくさんあるね
カタカナ
最後はおなじみ
消費税
売上が1千万円超だと
かかります
（以下は免税）
詳しくは6章で！
どんっ
10% or 軽減税率8%

＜４つの税金の違い＞

	所得税	住民税	事業税	消費税
税金の行き先	国	地方自治体	地方自治体	国・地方自治体
税率	5〜45%（累進課税）	原則一律 10%	0〜5%（職種別）	前々年の売上が1千万円を超えた場合に計算（▶詳しくは6章で）
税金計算	自分で計算して税務署に確定申告	確定申告をもとに、自治体が計算（通知が来る）	確定申告をもとに、自治体が計算（通知が来る）	自分で計算して税務署に確定申告
納付期限	翌年3月15日	翌年6・8・10月、翌々年1月（4回払い）	翌年8・11月（2回払い）	翌年3月31日

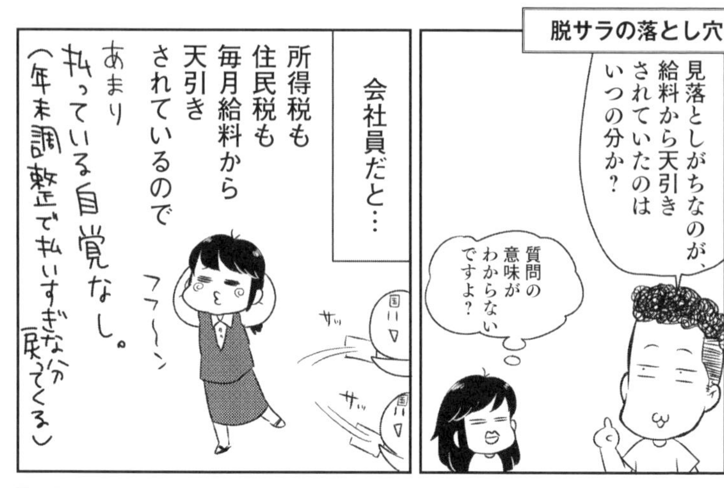
脱サラの落とし穴
見落としがちなのが、給料から天引きされていたのはいつの分か？
質問の意味がわからないですよ？
会社員だと…
所得税も住民税も毎月給料から天引きされているので
あまり払っている自覚なし。
（年末調整で払いすぎな分戻ってくる）
フフ〜ン
サッ
サッ

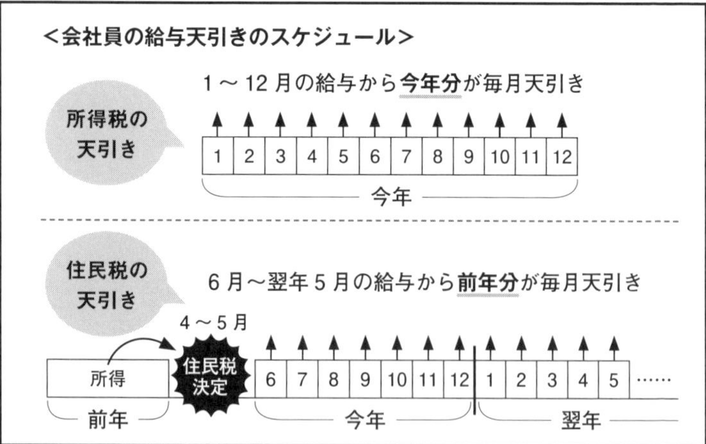
<会社員の給与天引きのスケジュール>
所得税の天引き
1〜12月の給与から今年分が毎月天引き
1 2 3 4 5 6 7 8 9 10 11 12
今年
住民税の天引き
6月〜翌年5月の給与から前年分が毎月天引き
所得
4〜5月
住民税決定
6 7 8 9 10 11 12 1 2 3 4 5 ……
前年
今年
翌年

えーっと……つまり？
会社員時代に
その月にその月の分を天引きされているのは所得税だけだね

！

うう…税金めぇ……！

住民税！
まだ給与から引かれてない分がある！
わかってきたね～
そう！　退職したら、
給与から天引きされるはずだった住民税は
自分で払う必要あり

翌年くるから忘れがちだけど
前年の所得に対して税金がかかるので、
稼ぎが多いほど、
住民税は高額になる！
知っておかないとヤバい！

年俸6000万円！
引退
プロ野球選手が引退翌年
年収以上の住民税を納付することもよくある話……
ひえ～～

いや～本当
いきなり高額の通知が届くから、その分を貯金しといた方がいいよ
うっうっう…
経験者は語る！
税金分は確保しておくべきだね

税金ってマジでちゃんと知っておくべきですね
知れば知るほど大切に思える
税金はともだちさっ
きらりん

さあ次は所得税について詳しく教えるよ！
よっしゃ～
ハイ

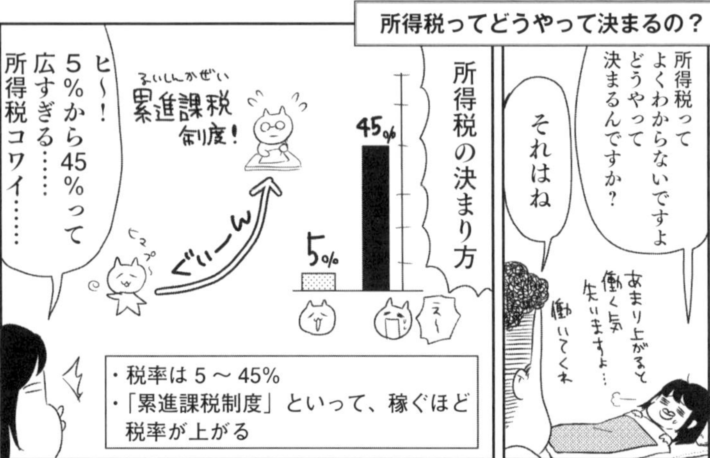
所得税ってどうやって決まるの？
所得税ってよくわからないですよどうやって決まるんですか？
それはね
あまり上がると働く気失いますよ…
働いてくれ
所得税の決まり方
45%
5%
え〜
るいしんかぜい
累進課税制度！
ぐぃーん
ヒ〜！5%から45%って広すぎる……所得税コワイ……
・税率は5～45%
・「累進課税制度」といって、稼ぐほど税率が上がる

そもそも所得ってなんすかね
フフフ♡
たとえばあんじゅ先生の売上（収入）が300万円だとします
ドンッ
でも実際は、道具を買ったりと経費がかかる
PC
ひっきようぐ
交通費
もし経費が100万円かかったら……
300万円－100万円＝200万円これが実際の儲け！
ほほ〜う
売上から経費を引いたのが所得ね
売上－経費
300万 100万
=200万（所得）
その通り！
この200万円に税金がかかるのか……
いや！実は経費以外にも！
お得な特典がある
売上－経費
=所得－？
お得⁉

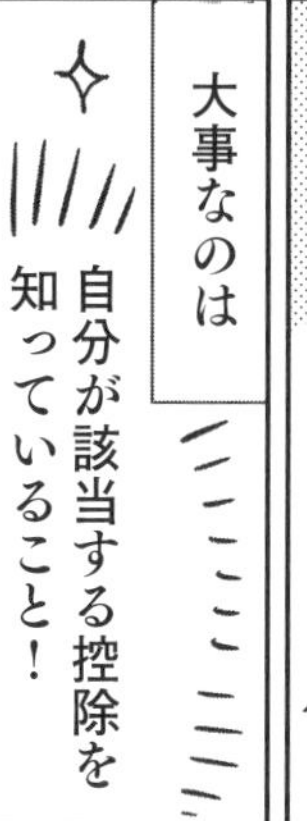

※基礎控除額は、2020年分から所得に応じて0～48万円となります

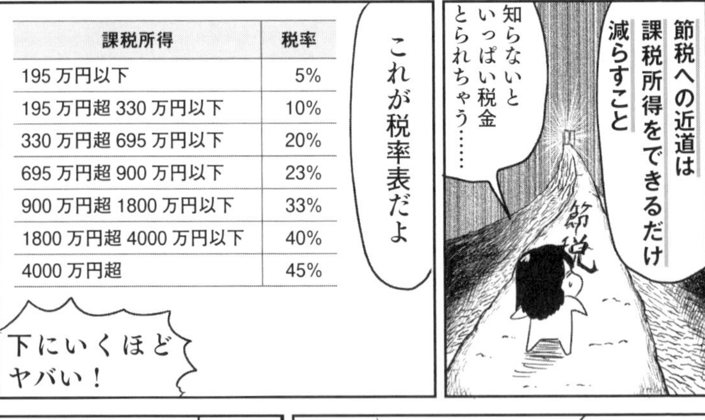

課税所得	税率
195 万円以下	5%
195 万円超 330 万円以下	10%
330 万円超 695 万円以下	20%
695 万円超 900 万円以下	23%
900 万円超 1800 万円以下	33%
1800 万円超 4000 万円以下	40%
4000 万円超	45%

195 万円× 5%
=9 万 7500 円
が所得税
稼ぎが１万円増えたら税金が10万円も増えるの？ １９６万円にいかないようにしないと……
196 万円だったら
196 万円× 10%
=19 万 6000 円！?
ガーン
5%でもデカいですね…
きゃ～まん…
高すぎですよ やっぱ稼ぐもんじゃないですね
スヤァ～
起こさないでください
起きて～
ちょっとまったー！ それはよくある勘違いなんだよ！
そうならないために「累進課税制度」というものがあるんだ
累進課税
ぐいーん
税率が段階的に上がっていく仕組みだよ
いきなり10%になるというわけではなくて
196万
195万
10%
5%
１９５万円を越えた分だけ10%になる！
フフーン
え？ ちょっとよくわかりません
はう??
計算してみるね
195 万円× 5%
=9 万 7500 円
196 万円× 10%
=19 万 6000 円
ブッブー
いきなり上がるのではなく
わかりにくいよね…
バーン！
196万
195万
195万
10%
5%
5%
１９５万円からはみ出た１万円分だけ10%になる
１９６万円全部が10%じゃないのか！

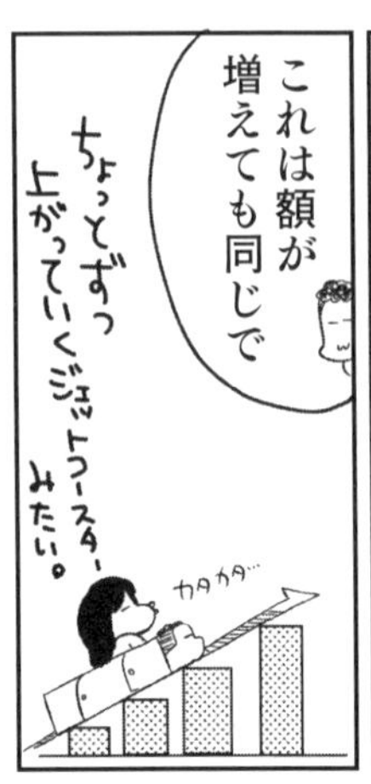

たとえば課税所得695万円の人は

695万円じゃー

はっはっは

195万円×5%

(330万円－195万円)×10%

(695万円－330万円)×20%

全部あわせて96万2500円 となる。

便利な速算表があるんだ！

<所得税の速算表>

課税所得	税率	控除額
195万円以下	5%	0円
195万円超330万円以下	10%	97,500円
330万円超695万円以下	20%	427,500円
695万円超900万円以下	23%	636,000円
900万円超1800万円以下	33%	1,536,000円
1800万円超4000万円以下	40%	2,796,000円
4000万円超	45%	4,796,000円

所得税＝課税所得×税率－控除額

じゃあ、さっきの695万円はこういう計算?
695 万円× 20%
− 427,500 円
=96 万 2500 円
たしかにはやいっ
最初からこの表があれば沢山計算しなくて済んだな
ううーん
税理士や税額計算ソフトはこの速算表を使っているよ

よく高所得の人が
税金で収入の半分を持っていかれる──っ
って言うんですがこれも勘違いで……
んも～っ
バンッ

速算表もう一回みてねっ
ちゃんと段階的に税率が上がっているんですよー
理解して稼いでくれたらうれしいな
半分って課税所得4千万円以上ってこと?!
いいね～
紹介してほしい～

オトコは所得税!!
…
ウフフ
ちゃんちゃん
ギャーッ
所得税がわかり平和が訪れたのもつかの間、あるトラブルに巻き込まれたのだ

<事業税の職種別税率一覧>

第1種事業（37業種）	
5%	物品販売業　運送取扱業　料理店業　遊覧所業　保険業　船舶定係場業　飲食店業　商品取引業　金銭貸付業　倉庫業　周旋業　不動産売買業　物品貸付業　駐車場業　代理業　広告業　不動産貸付業　請負業　仲立業　興信所業　製造業　印刷業　問屋業　案内業　電気供給業　出版業　両替業　冠婚葬祭業　土石採取業　写真業　公衆浴場業（むし風呂等）　電気通信事業　席貸業　演劇興行業　運送業　旅館業　遊技場業
第2種事業（3業種）	
4%	畜産業　水産業　薪炭製造業
第3種事業（30業種）	
5%	医業　公証人業　設計監督者業　公衆浴場業（銭湯）　歯科医業　弁理士業　不動産鑑定業　歯科衛生士業　薬剤師業　税理士業　デザイン業　歯科技工士業　獣医業　公認会計士業　諸芸師匠業　測量士業　弁護士業　計理士業　理容業　土地家屋調査士業　司法書士業　社会保険労務士業　美容業　海事代理士業　行政書士業　コンサルタント業　クリーニング業　印刷製版業
3%	あんま・マッサージ又は指圧・はり・きゅう・柔道整復、その他の医業に類する事業　装蹄師業

<所得控除一覧>

	名前	主な条件	控除額
人に関する控除	基礎控除	全員適用	48万円（所得2400万円を超えると段階的に下がる）
	扶養控除	年間の所得が48万円以下で16歳以上の扶養家族がいる場合（配偶者以外）	38万～63万円（扶養親族の年齢による）
	配偶者控除	年間の所得が48万円以下の配偶者がいる場合	13万～38万円（配偶者が70歳以上の場合は16万～48万円）（控除を受ける本人の所得による）
	配偶者特別控除	年間の所得が48万円超～133万円以下の配偶者がいる場合	1万～38万円（控除を受ける本人の所得による）
	障害者控除	本人、配偶者、または扶養親族が障害をもつ場合	27万～75万円（障害の程度による）
	勤労学生控除	本人が特定の学校の学生で、勤労による所得がある場合（所得要件あり）	27万円
	寡婦（夫）控除	配偶者との離婚後に婚姻をしていない場合	27万～35万円（所得などの状況による）
生活などに関する控除	社会保険料控除（▶3章）	社会保険料（国民健康保険や国民年金）を支払った場合※	その年に支払った金額
	生命保険料控除	生命保険料などを支払った場合※	上限12万円
	地震保険料控除	地震保険料などを支払った場合	上限5万円
	医療費控除	医療費を支払った場合※	その年に支払った医療費のうち10万円を超えた部分（上限200万円）
	小規模企業共済等掛金控除（▶6章）	小規模企業共済などの掛金を支払った場合	その年に支払った金額
	寄付金控除（▶6章）	特定の寄付をした場合や、ふるさと納税をした場合	2000円を超えた金額、その他一定の金額
	雑損控除	災害や盗難などによって、損害を受けた場合	その資産の損害金額による

※配偶者や親族分の支払いも含む

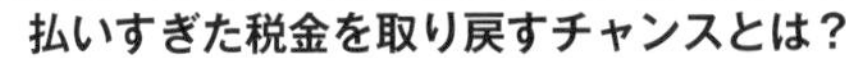
払いすぎた税金を取り戻すチャンスとは？

1万円の仕事を受けたのに
9千円ちょいしか
振り込まれていない……
○×銀行

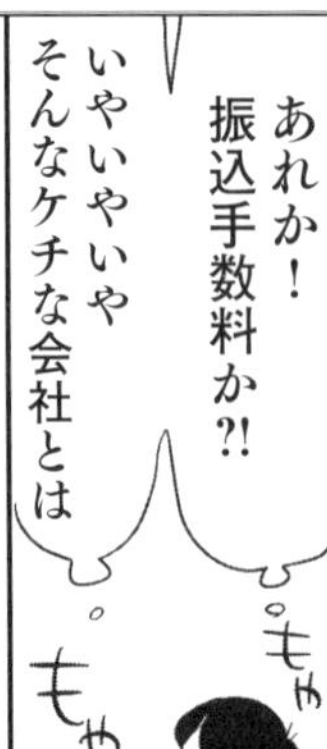
あれか！
振込手数料か?!
いやいやいや
そんなケチな会社とは
もやもや

締切3日間
遅れたから
罰金か?!
また
お困りですか？
はっ
にゅっ

ギャラが本来の額より
少なく振り込まれて
いたんです
3日遅れたから
1日300円くらい
引いとこう！
許してくれたと
思ってたのに
……
それ源泉徴収かも

ギャラと関係
あるんですか?!
なにそれっ
源泉徴収って
会社の義務なんだよ

義務?!
毎回引かれるって
ことかー?!

うーん。詳しく
教えますね
また
働きたくなくなったヨ
おやすみ♡

源泉徴収とは、報酬が発生
した時点で国が所得税を
先取りする仕組み
会社
企業
報酬
源泉徴収
-10.21%
個人
え?!
所得税
先取り?!
※基本的に個人間では発生しません

ここでも取られるなんて税金で死んでしまうぞっ
まあまあちょっと聞いて
ガバァ
個人の所得税を後払いにしたら国は3月しかお金が入ってこないので、資金繰りが大変
もっとはやく欲しいよ〜っ
国
そこで報酬を払う会社が一部を天引きして国に先に納付することになっている
ドゾ
税
会社
資金ヤバイの♡
引かれてるのは報酬の10・21％など
※職種によって変わる場合あり
引かれとる――!
サッ
10.21%
あくまでもこれは仮払い
報酬もらったら一割くらい先に払っておいてね〜っ☆
国のスタンス
キラッ☆
軽いノリで言うんじゃないよ！こっちはダブルで払わされて辛いよ
でも、その払いすぎた税金は戻ってくるかもよ？
えーっうっそー!!
それができるのも確定申告だよ
うふふ〜ん
うっ（確定申告しなくて通達きた人）
還付といって払いすぎた税金が返ってくるチャンスでもあるんだよ〜
きゃー
きゃー

ポイント

たとえば、
課税所得が0円なら
確定申告しなくても問題ないですが

源泉徴収されている分を申告すれば
払いすぎていた税金なので
返ってくる可能性がある！

大河内先生のやさしい税金講座②

所得税の最高税率を下げたのは、意外なあの方？

所得税の歴史

所得税の歴史を知ると、現代に生まれてよかったと思うかもしれません。**２０２０年現在、所得税の最高税率は45％。住民税は10％で、合計55％。**これを高いとみるか低いとみるか？　どうでしょう。

日本には税金が高いなりのメリットがあります。しかも、稼ぎが突き抜けないと最高税率には届きません。法人化で節税という逃げ道もあるし、個人的には妥当な税率という印象。というのも、昔はもっとひどかった。

１９７４年当時の所得税の最高税率は75％※**、住民税の最高税率は18％で、合計93％！**　これは結構ビビります。その後、税率は徐々に下がっていくわけですが、そのキーパーソンになったかもしれないのが意外な人物。司会者・女優の黒柳徹子さんです。

彼女は１９８３年から3年連続、高額納税者ランキング俳優部門で1位でした。しかも石原裕次郎さんや森繁久彌さんなど当時のトップスターを抑えてです。それだけでも驚きですが、なんと85年には、政府の税制調査会に参考人として呼ばれます。

そこで、現在の自分の収入の90％が税金であること、1時間のテレビ番組で何分か話したらあとは税金、原稿用紙４００字詰めの2行書いたらあとの18行は全部税金…、と悲しげに主張したそうです。税金が高すぎて勤労意欲を失うことも無きにしもあらずで最高所得税率を下げて欲しいと（この時の様子は、ご自身がテレビでお話しされていました）。

この意見が影響したかは不明ですが、**87年には所得税の最高税率が60％に下がりました。**これから先、所得税の税率は上がるか下がるか。注目です。

※所得８０００万超～

2章のまとめ

◎まず押さえておくのは、所得税・住民税・事業税・消費税の４つ

◎脱サラの場合は、会社員時代の給料に翌年住民税がかかるので注意！

◎所得税は段階的に上がるので、急激に上がる心配はなし

◎自分が使える控除を、知っておくのが大事（48万円はほぼ全員！）

ぶっちゃけポイント

事業税の表に入っていない職業は、説明次第では非課税にできるかも？

企業からの支払いは源泉徴収で約１割分引かれているが、確定申告すれば戻ってくる可能性がある！

3章

リスクに備える！
社会保険

社会保険って何？

ほう……！
重要そう
よく
わかんないけど
会社員なら
会社が勝手に
手続きして
くれるけど
フリーランスは
自分で入らない
といけない
え!!
めんど!!

まず、フリーランスと会社員で入れる保険が違うんだよ

＜フリーランスと会社員の保険の違い＞

フリーランス		会社員
国民健康保険	医療保険	健康保険
国民年金	年金保険	厚生年金
自分で全額負担	保険料の負担	会社が半分負担
各市区町村で自分で手続き	加入方法	会社が手続き
なし（夫 or 妻や子どもの分も人数分保険料がかかる）	扶養制度	あり（夫 or 妻や子どもは保険料が 0 円）

会社員の方が待遇よくない？

フリーランスが加入するのは主にこの2つ！

国民健康保険

国民年金

会社をやめた場合も自分で手続きが必要だよ

メンドイ…

手続きについて

【手続きができる場所】

自分が住んでいる市区町村役所（年金は年金事務所でも可）

【手続きに必要な書類】

- □ 健康保険の資格喪失証明書・離職票
- □ 免許証などの本人確認書類
- □ 年金手帳または基礎年金番号通知書
- □ 自分（＋扶養家族）のマイナンバーがわかるもの
- □ 印鑑

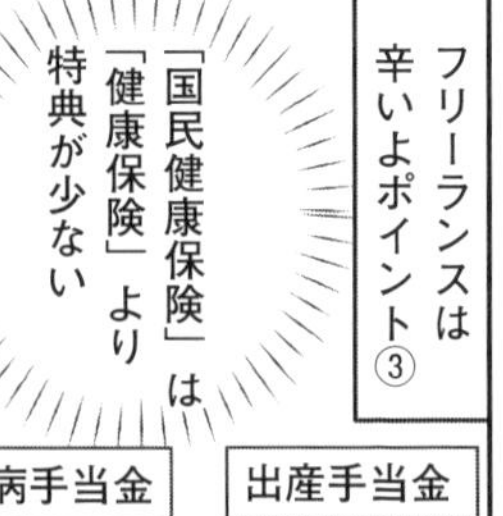

フリーランスは辛いよポイント③
「国民健康保険」は「健康保険」より特典が少ない

出産手当金
でないっ
出産で働けない期間に1日の3分の2を支給
傷病手当金
でない
病気やケガで働けない時の手当

フリーランスは辛いよポイント④
「国民年金」は受取額が少ない
2階建て
厚生年金
国民年金
会社員
1階建て
国民年金
フリーランス
負担は増えるのに？
うむ
辛すぎる！

何してるの？
いや就職しよっかなと
マンガ描きなさいよ……

もちろんフリーランスにもいいことはあるよ
これらの社会保険で支払った分は全額控除になるので経費みたいな効果がある
年金
社会保険控除
健康保険
経費
将来に備えながら節税！

年金は将来もらえるかはわからないけど……節税の観点からは払った方がトク！
ちょっとだけどもらえたんじゃいっ
ズバッ
ほう〜っ

稼げないとキツいだけ？
ヒュ〜
みかん
まあ、国民の義務だからね

いいもんっいつかビッグになって社会保険は控除になってサイコ〜だなァって思ってやるんだっ
ぬがーっ
国民健康保険と国民年金を詳しく見ていくよ

病気やケガに備える！　国民健康保険（略して国保）

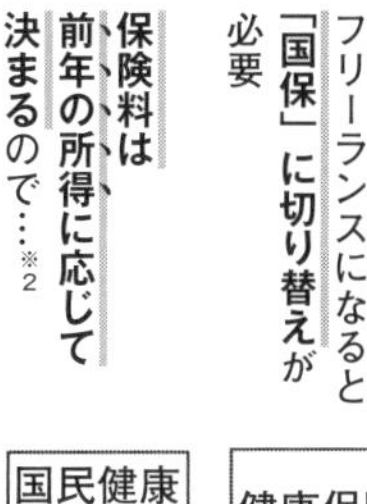

※1 金額は人によって異なります
※2 保険料の計算方法は各市町村によって異なります

国民健康保険を安くする方法がある？

国保は所得が高いほど保険料も高くなる

保険料

売上

うんっ

ごこっ

ぐぃ〜ん

ぐぃ〜ん

①扶養に入る（収入が少ない場合）

家族や配偶者の「健康保険」の扶養に入れると0円なので一番お得！

<扶養に入れる条件>

①年収130万円未満かつ、扶養にいれてくれる人の年収の2分の1未満であること

②被保険者が三親等以内であること

所得が300万円の人の保険料の目安は？

所得 300万円

保険料の目安は月々約2万5000円

フリーランス

年金と合わせると月4万円の出費！

そこで所得に左右されず保険料が安くなる方法をご紹介〜！

②国保組合に加入する（職種が該当する場合）

同じ職種・業種の人が集まる保険

国民健康保険組合

保険料は所得に関係なし！

国保より安くなる場合アリ！

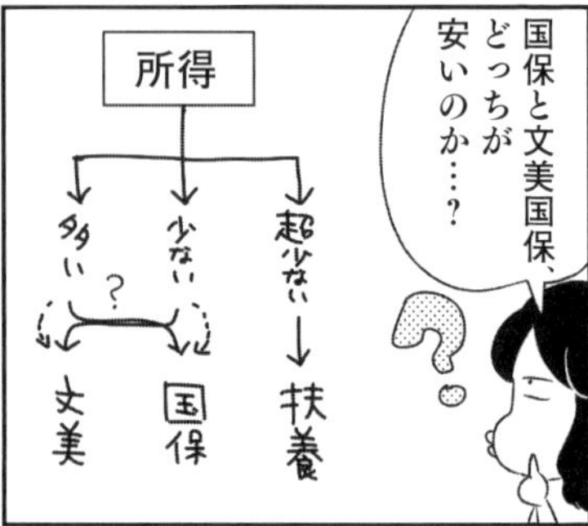

国保VS文美国保
保険料どっちが得か計算してみた！
<東京都中央区・所得金額260万円・35歳単身の場合>

【国保】
条件をもとに計算すると**年間約25.5万円**

【文美国保】
令和2年の月額保険料
　組合員　1人月額19,900円
　家　族　1人月額10,600円
　介護保険料（40歳以上）1人月額4,300円

19,900円×12ヶ月＝**年間約24万円**

結論 この場合、文美国保の方が
年間で約1.5万円もおトク！！
（ただし家族がいると、人数分もかかるので場合による）

<文美国保　加盟団体一覧>

文美国保に加入するには、以下の加盟団体への加入が必要です

アンチモニー型工芸組合／いけばな協会／NHK専属作家協会／現代歌人協会／工芸美術家健保会 北村眞一様方／ジャパンデザインプロデューサーズユニオン／全日本書道連盟／全日本書文化振興連盟／著作家健保会／デザイナー健保会／東京イラストレーターズ・ソサエティ／東京グラフィックデザイナーズクラブ／東京コピーライターズクラブ／東京版下書道組合／東京模様糊画組合／日本アニメーション協会／日本アニメーター・演出協会／日本イラストレーション協会／日本インダストリアルデザイナー協会／日本インテリアコーディネーター協会／日本インテリアデザイナー協会／日本インテリアプランナー協会／日本映画監督協会／日本映画テレビプロデューサー協会／日本映画ペンクラブ／日本エッセイスト・クラブ／日本演劇協会／日本脚本家連盟／（公社）日本グラフィックデザイナー協会／日本クラフトデザイン協会／日本ゲームシナリオライター協会／日本広告写真家協会／日本サインデザイン協会／日本作曲家協議会／日本作詩家協会／日本作編曲家協会／日本児童出版美術家連盟／日本児童文学者協会／日本児童文芸家協会／日本シナリオ作家協会／日本写真家協会／日本写真館協会／日本写真作家協会／日本ジュエリーデザイナー協会／日本出版美術家連盟／日本商環境デザイン協会／日本推理作家協会／日本スポーツプレス協会／日本タイポグラフィ協会／日本彫型協会／日本空間デザイン協会／日本デザイン書道作家協会／日本デジタルライターズ協会／日本図書設計家協会／日本ネットクリエイター協会／日本パッケージデザイン協会／日本美術家連盟／日本文芸家協会／日本漫画家協会／日本モータースポーツ記者会／日本理科美術協会／日本レース写真家協会／俳人協会／美術評論家協会／美術評論家連盟／VFX-JAPAN／マンガジャパン／ミュージック・ペンクラブ・ジャパン
（平成30年12月18日現在）

自分の職種に近い団体を探してみよう

③任意継続する
（会社を退職する場合）
会社の時の「健康保険」を継続できるよ※
継続！
え！いいの？
※原則2年まで
でも保険料は、会社が払ってくれていた分も自己負担なので、実質2倍だよ
ズドン
払ってもらってた分!!
もう払わないよ～
じゃあ全然得しないじゃん！
退職日翌日から 20 日以内に加入する必要有り
……。
国保
社保×2
たかだか～
いいいい、国保が高すぎるから保険料が2倍になっても健康保険の方が安い場合があるんだよ
ズズー
あんじゃ先生も安くなったかもね
え……ウソ？国保ヤバすぎるでしょ……
（国保すぐに払いに行った人）
どちらが安くなるかの計算は難しいので役所か住んでいる地域の全国健康保険協会へ問い合わせを！

自分の加入している全国健康保険協会がわからない場合は？
健康保険証のココを見てみよう！
ココ！
健康保険
被保険者証
保険者名称　○○○支部
保険証の下にある「保険者名称」＝「保険証の発行元」なので
わからないことがあれば問い合わせてみよう

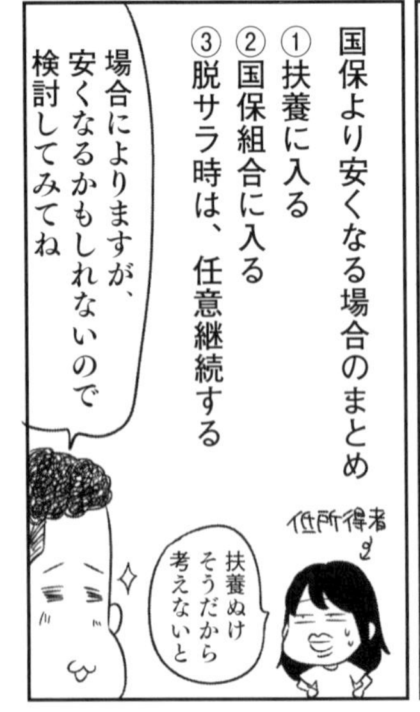
国保より安くなる場合のまとめ
①扶養に入る
②国保組合に入る
③脱サラ時は、任意継続する
場合によりますが、安くなるかもしれないので検討してみてね
低所得者
扶養ぬけそうだから考えないと

老後のリスクに備える！ 国民年金

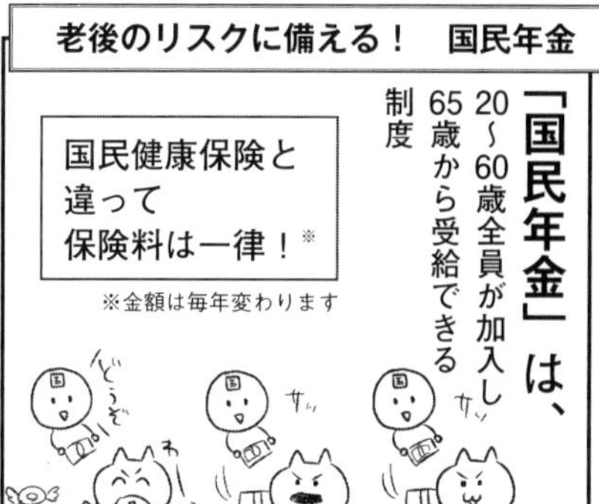

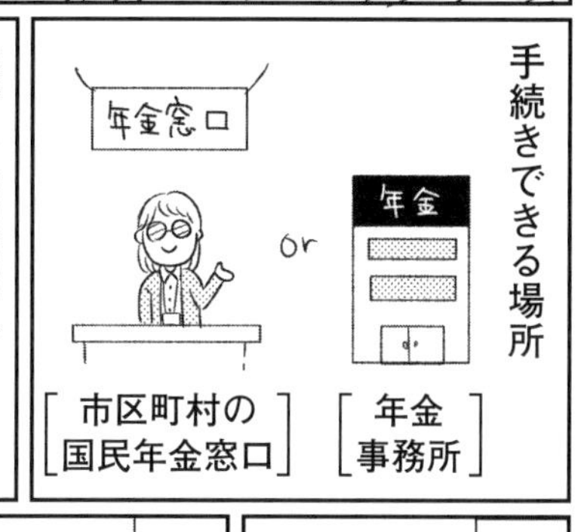

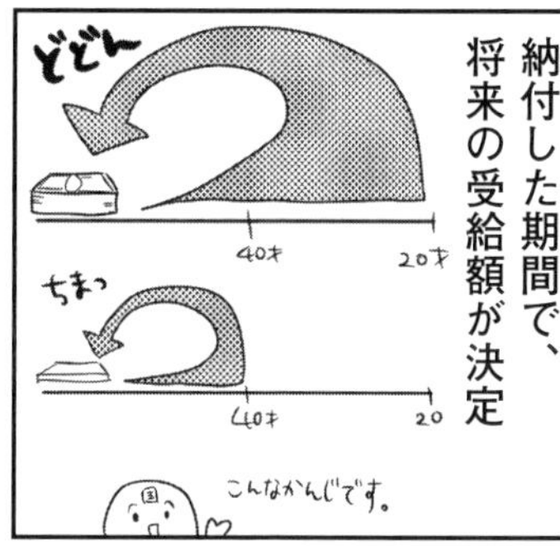

※厚生労働省年金局「平成30年度 厚生年金保険・国民年金事業の概況」より

自分の年金は自分で増やす！　年金上乗せ制度

会社員より年金が少ない分、フリーランスにも年金に上乗せで任意に加入できる制度があります。ここで紹介する２つの併用はできませんが、**どちらも掛金は全額控除になるので、節税効果あり！**　自分の収入と相談して検討してみよう！

①国民年金基金

一定の掛金を負担することで、会社員の厚生年金のように、自分で２階建て部分を上乗せできる制度。掛金は加入時の年齢や性別にもよるが、自分で設定できる。※
ただし途中での解約ができないので注意。

※上限は確定拠出年金と合わせて６万8000円。確定拠出年金については６章で！

②付加年金

月額400円と手軽な掛金で、年金を上乗せできる制度。
「200円×収めた月数」の分だけ、もらえる年金（年次）が増える。
２年間年金を受給すると元が取れる仕組みになっている。

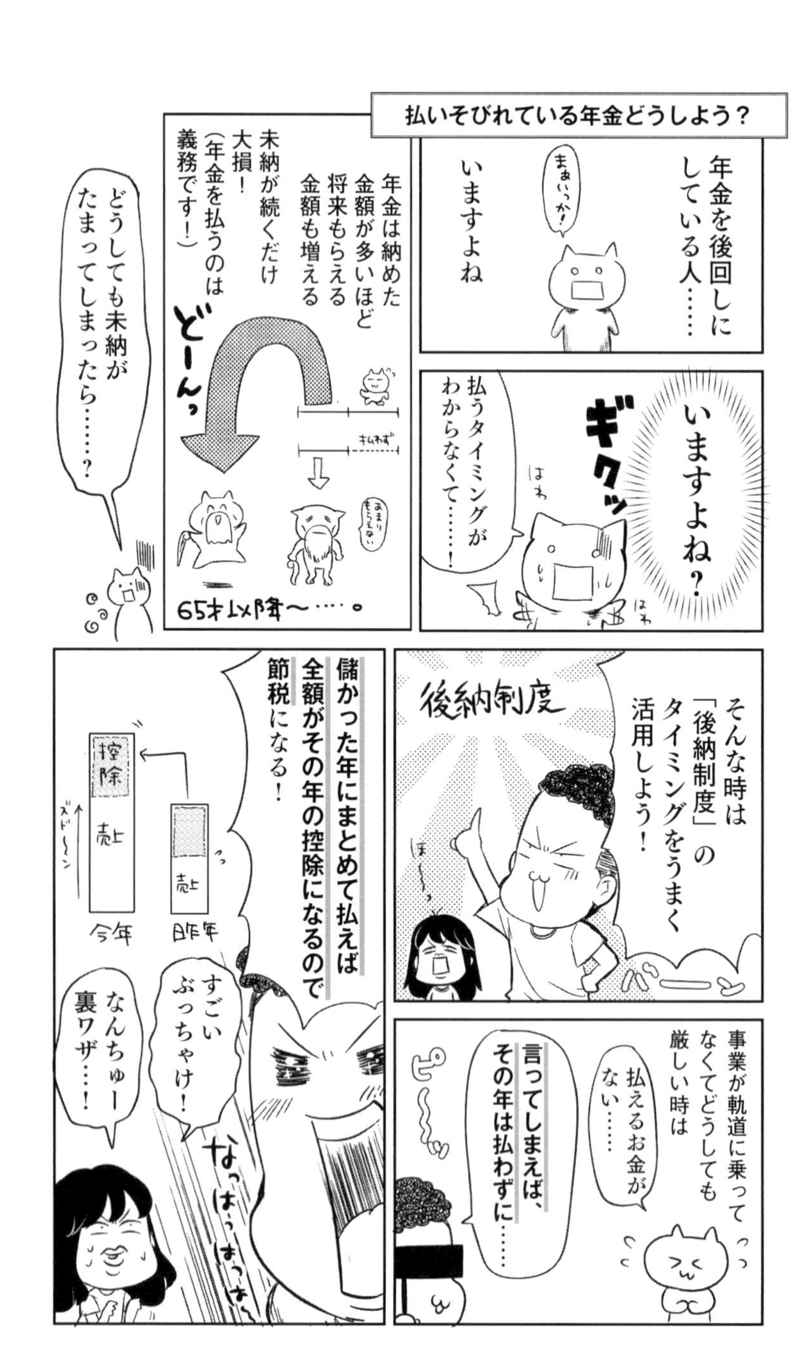
払いそびれている年金どうしよう？
年金を後回しにしている人……
まぁいっか！
いますよね
いますよね？
ギクッ
はわ
払うタイミングがわからなくて……！
はわ
年金は納めた金額が多いほど将来もらえる金額も増える
未納が続くだけ大損！
（年金を払うのは義務です！）
どーんっ
払わず
あまりもらえない
65才以降～…。
どうしても未納がたまってしまったら……？
そんな時は「後納制度」のタイミングをうまく活用しよう！
後納制度
ほ～っ
バーン
儲かった年にまとめて払えば全額がその年の控除になるので節税になる！
控除
売上
ズドーン
売上
今年
昨年
すごいぶっちゃけ！
なんちゅー裏ワザ…！
なっはっはっは～
事業が軌道に乗ってなくてどうしても厳しい時は
払えるお金がない……
言ってしまえば、その年は払わずに……
ピ～～

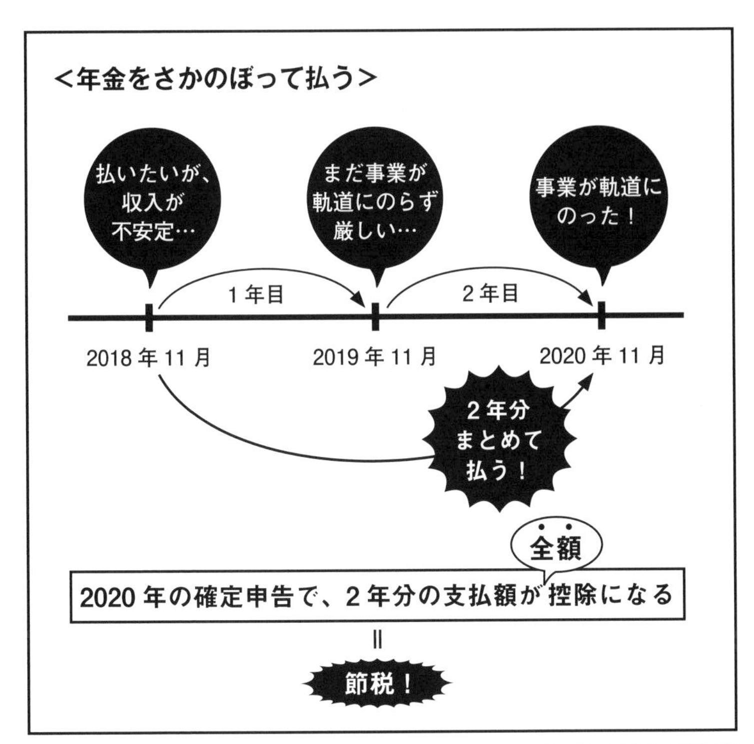

<年金をさかのぼって払う>
払いたいが、収入が不安定…
まだ事業が軌道にのらず厳しい…
事業が軌道にのった！
1年目
2年目
2018年11月
2019年11月
2020年11月
2年分まとめて払う！
全額
2020年の確定申告で、2年分の支払額が控除になる
II
節税！

昔は過去5年分や10年分もできたのですが、現在は過去2年分しかさかのぼれません
制度は変わるので注意！
まあ……
年金もらえるといいですね
…
ハッハッハ～
あ、笑えないか～っ

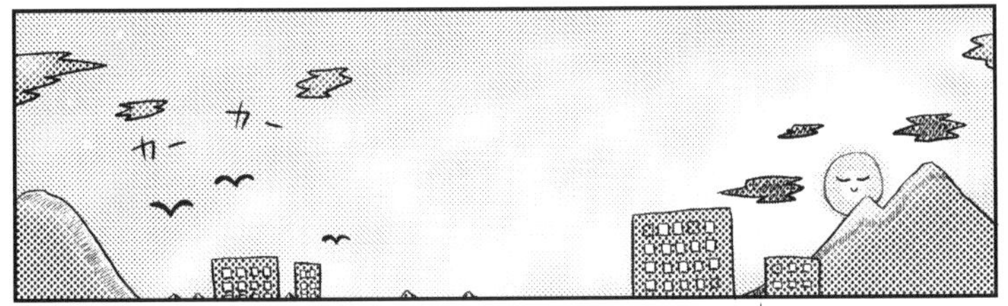

カー
カー

フリーランスの老後

今までは……

会社員の
生き方が主流で
1つの会社で
しっかり
定年まで勤めあげ
退職金をもらって
老後にはちゃんと
年金ももらえた

しかし！
人生100年時代

仮に65歳で定年
退職しても
あと35年ある

退職してから
年金だけで
生活するのは

大変かもしれない

一方

フリーランスには
退職制度はないし
国からの保障も
会社員に比べたら、
少ないのが事実

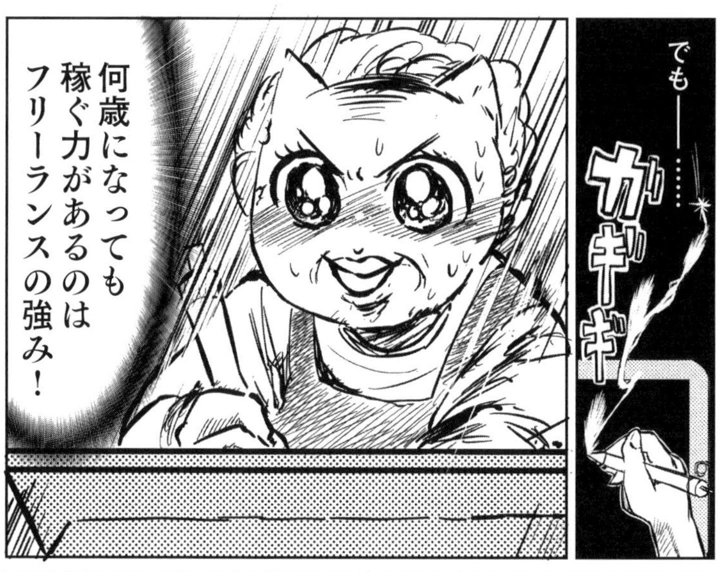
でも――……
カリキリギギ
何歳になっても稼ぐ力があるのはフリーランスの強み！

年齢なんて関係ない
自分で稼げて社会保険の知識もしっかりあればリスク管理できる

国から受けられるものはお得に受けてリスク対策
節税もできて一石二鳥！
知っておけば安心だね
老後もバリバリ描いている漫画家になるぞ〜！

大河内先生のやさしい税金講座③

「扶養外れちゃうから、パート減らしてるんだ～」の勘違い

どっちの扶養のことですか？

税務・社会保険まわりの知識で、扶養というのは最も正しく理解されていないモノの1つです。これはもう本当に、正しく説明できるのは専門家しかいないのではないか……？　というレベルです。

けれど「103万の壁が！」とか「扶養から外れたら大損！」という話はものすごく聞きますし、みなさん興味があるところですよね。

突然ですが質問です。このコラムのタイトルの文章はおかしいところがあるのですが、どこでしょうか？

実は「扶養」には**「社会保険の扶養」と、「所得税の扶養」の2つが存在**します。

つまりこのコラムのタイトルは、どっちの扶養かの前提がないのです。これではパートを減らして年収を抑えようにも、どっちの壁を目指していいかわかりません。でも、こういう人は本当に多いです。

＜2つの扶養の違い＞

	社会保険の扶養	所得税の扶養
得する人	扶養してもらう人	扶養する人
メリット	扶養する人が厚生年金なら、扶養してもらう人の健康保険と年金の負担が0円になる	扶養する人の所得税が安くなる
扶養してもらう人の給与年収の壁	130万円	103万円※

※配偶者には細かい規定有り

表を見ていただくとわかりますが、**2つの扶養は全く違うもの**です。そもそも**得をする人が、扶養する側とされる側に分かれています**からね。

そして、やっぱり人間は自分の得が気になるもの。一般的に「扶養」と言われる場合は、**大体は「社会保険の扶養」を意味していることが多いはず**です。

ということで、ほとんどの人には給与年収103万円の壁は関係ないんですね。**社会保険で誰かの扶養に入りたければ、給与年収130万円だけを意識すればOK**。

社会保険の扶養はとってもお得です。だって健康保険料と年金を負担しなくて済むわけですから。扶養する側が国保&国民年金の場合は、年金は負担しなくてはいけませんが。

「所得税の扶養」は、扶養される側は特に関係ありません。扶養する側がお得になるわけですね。あなたが配偶者の所得税法上の扶養に入っていれば、その配偶者の所得税は安くなります。**家計全体で考えるなら、意識したいところ**ですね。その時に意識する金額は、あなたが給与年収103万円以下かどうか。

重要なのは、扶養が2つあることを理解すること。もしもあなたの周りで扶養の話が出たら「どっちの扶養の話？」と、ドヤ顔で教えてあげましょう（笑）。

所得税の扶養（父の得）	社会保険の扶養（あんじゅ先生の得）
所得税が安くなる	保険料0円

3章のまとめ

◎フリーランスが加入する主な社会保険は「国民健康保険」と「国民年金」
◎社会保険料で支払った分は、全額控除になるので節税効果もある
◎国民年金だけでは不安な場合は、「国民年金基金」や「付加年金」などの上乗せ制度で備えておくと安心

ぶっちゃけポイント

国民健康保険は高いので、条件をクリアすれば「文美国保」や「健康保険の任意継続」の方が安く済む可能性あり！

国民年金の未納分は、儲かった年にまとめて払うと節税効果あり！

「付加年金」は月額400円からできて、受給開始2年で元が取れるので、収入が不安定でもやっておいた方がトク！

4章

ぶっちゃけどうなの？
経費と領収書

いや～
フリーになると
色々不安だよね
フリーランス2年目・ブロガー
世良菜津子（なっちゃん）
税金かあ……
考えたくないな～
フリーランス2年目・ライター
山城さくら（さくらん）
私なんてこの前まで
会社員だったから
わけわかんないよ
確定申告とか！
フリーランス1年目・デザイナー
行武亜沙美（あさみさん）
あ、なんかこの前
税理士の人に
会ったから呼ぶね
ピロロ
フリーランス3年目・漫画家
天才美少女　若林杏樹
（あんじゅ先生）
フリーランス女子会
開催中
あ、来た来た！
こっちですよ
大河内さん
ワイワイ
あ、ども
税理士を
お悩み相談室だと
思ってるのだろう
か……
がやがや

まず我々が聞きたいのは!!
おーう、なっちゃん言ったれ～
どこまでが経費になるのかー！
1人のスタバ代
某夢のテーマパーク代
美容院代
かわい～
某アイドルのファンクラブ代
キャー
えっ、ウソ！ファンクラブの会費も経費でいけるの？
はぅ
それはムリなのでは……
私のアマゾンプライム代も経費に入るんすかね
えっ
ヒッヒッヒッ
……
っていうか…確定申告すると
税金をとられて
大損……するんですよね
ムッ
ええ～
オロオロ
わかった！全ての質問に答えましょう

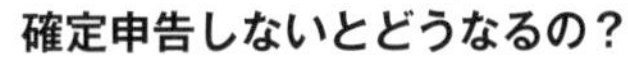

確定申告をすると
①**自分の所得税が決まる**
②**他の税金額（住民税など）や社会保険料が決まる**

そして！
払いすぎた税金があれば戻ってくる場合もあるよ
多く払っていた分還付
所得税を払う
ヤッタ～
ワーイ
③所得税を払う（納付）
多く払っていた分は戻ってくる（還付）

逆に確定申告をしないと……
ゴクリ
ヒエエ～
ヒエ～

納税漏れ！
つまり脱税になる可能性がある
延滞料いただきますよ
ペナルティ～
重税
ヒィー
さらに、年収を証明できるものがない！
所得ゼロは信用もゼロ！
信用ゼロ
子どもを保育園に預けられない
車や家を買いたくてもローンが組めない
事故に遭っても休業補償を受けられない
デメリット多し！

損しないための売上管理

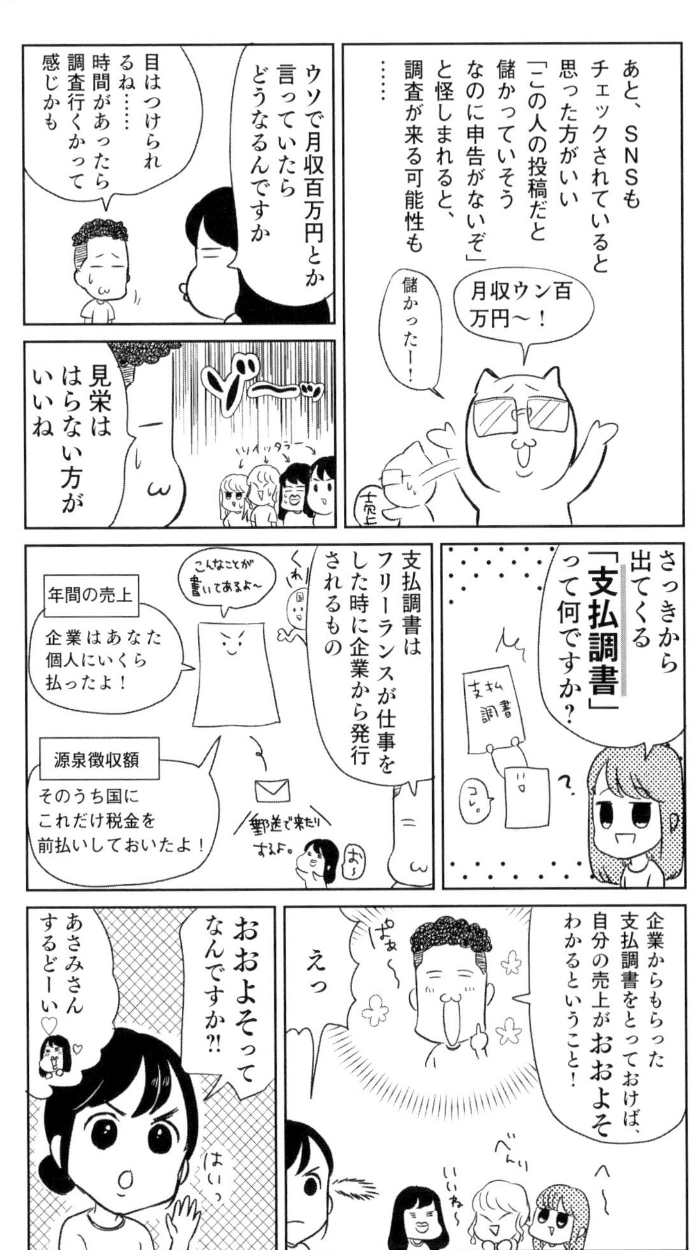
あと、SNSもチェックされていると思った方がいい「この人の投稿だと儲かっていそうなのに申告がないぞ」と怪しまれると、調査が来る可能性も……
月収ウン百万円～！
儲かったー！
ウソで月収百万円とか言っていたらどうなるんですか
目はつけられるね……時間があったら調査行くかって感じかも
見栄ははらない方がいいね
さっきから出てくる「支払調書」って何ですか？
支払調書
コレ。
支払調書はフリーランスが仕事をした時に企業から発行されるもの
こんなことが書いてあるよ～
年間の売上
企業はあなた個人にいくら払ったよ！
源泉徴収額
そのうち国にこれだけ税金を前払いしておいたよ！
郵送で来たりするよ。
お～
企業からもらった支払調書をとっておけば、自分の売上がおおよそわかるということ！
えっ
へ～
べんり
いいね～
おおよそってなんですか?!
あさみさんするどーい♡
はいっ

※1　個人宛の支払調書は、企業は原則税務署には提出しなければならない
※2　未払いのものも載せるのが正しい

どうやって…………

どうやって正しい
売上を管理するの？

自分自身
だ―――ッ
信じられるのは
己のみ～

私は……

もう誰も
信じられない！
ばっ

売上に興味がもてない
クリエイターでして
いくら儲けているのか
全く把握しておらず
通帳も意味がないと言われて
支払調書だけは信じられると思ったのに

たったったった
ファミレス
たったったった

まあ、やっぱり
自分でやんないと
っスよね～
スッ
すたっ
…………

レシートはちゃんととっているんですけど売上管理は苦手で
てへぺろ……？
てへぺろ
みんな領収書は頑張ってとっておくけど……
レシートきれいに保管したぞ
通帳で売上カクニン…？
肝心の「売上」と「自分が前払いした税金」を管理できている人って意外に少ないんです
ポイントです。
自分が出した請求書は印刷しておいて実際に支払われた額と差があるか見ておこう！
確認のため印刷！
ウイ〜 ザッザッザッ…
PDFで提出したものを印刷が安心！アナログだけどね
メンド〜
通帳の金額をそのまま帳簿に打ち込むと源泉徴収が引かれた後の金額しかわからないので注意です！（前払いした税金が取り戻せなくなります）
私がやってたミスです…（泣）
まとめ。
脱税はよくない！バレる……
売上は自分で管理せよ！

税務調査のよくある勘違い
税務調査って言葉の響きから怖そう……
だんっ
観念しなさいっ!!
脱税
でも何をされるのかよくわかってないけど……
怖いイメージあるよね
税務調査というのは……
正しく確定申告されているか税務署から調査官が来ること！
確定申告お願いします！
ハーイ
数年後
ドモ～
チェックしにきました
法人は大体4～5年に1度来ると言われており個人に来る確率は1～2％
法人
来ない
意外と少ないんだっ！
基本は調査官の質問に答える感じで穏便に進みます
調査日を交渉できる余地がある
～？
悪いことしたら調査が来るの？
こわーい
それはNO！調査官が来るのは「あなたが提出した確定申告に質問がありますよ」という時！
「税務調査」＝「悪いことした」ではないよ

国は調査していい
権利があるので
何年かたって
「答え合わせ」
されることもある
これが
税務調査
税務調査
うーん

経費を上乗せして
節税といって
脱税してないか…？
た、たとえば
どんなの？
どどど

たとえば収入が300万円の人が
全然儲からなくて……

交際費だけで200万円も使っていたら……
キャ〜
おくらシャンパンもう一本いくぞ
キャ〜
アルマンドでいいっスか、
あざ〜す
怪しい……！

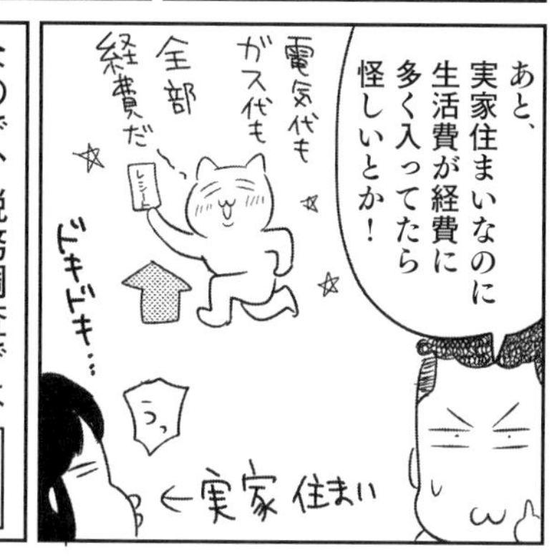
あと、実家住まいなのに生活費が多く入ってたら怪しいとか！
電気代もガス代も全部経費だ〜
ドキドキ…
うっ
←実家住まい

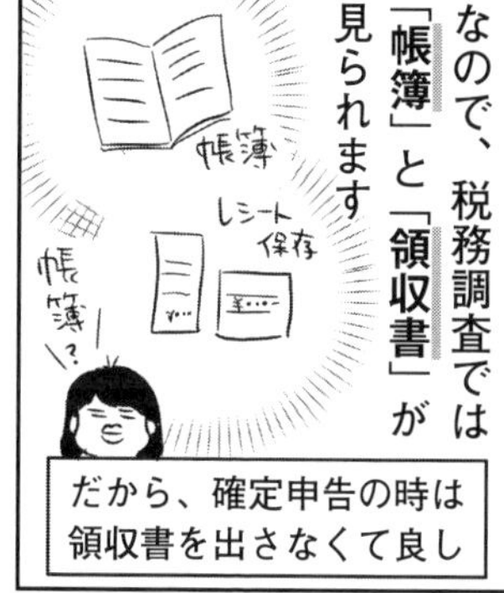
なので、税務調査では「帳簿」と「領収書」が見られます
帳簿
レシート保存
帳簿!?
だから、確定申告の時は領収書を出さなくて良し

でも個人の所に来るのは1〜2%でしょ？
レッツポジティブ〜
0%ではないよね？
うぐ
いつか税務調査で答え合わせが来た時に
いつか行きますあなたの元に♡
じゃーん
ちゃんと合っているよ！と言い切るために
領収書や売上の証拠をとっておく必要がある！

やっと見てくれるのね私のすべて……
リョーシューショ～ン
1～2%でもいつか来る
税務調査
あなたのために
とっておいたの3年分の領収書 実家にも7年分……♡
すごくキレイだよ
202X年8月
キラ
キラ
キラ
領収書の保存――…
完
せまっ
で、経費についてなんですが
どこまで経費になるのか知りたーい！
化粧品も経費にしていい？
ギャ～
ギャ～
ぬっ……！
そうだよね
でも経費には明確なルールがなくて
「その人の仕事に関係しているか」「世間の常識的にどうか？」をもとにジャッジします！
経費の考え方を教えるよ
レシート
脱税は✕節税は〇

ぶっちゃけどこまで経費？
経費の基本
カリアゲ
経費はこう考えて下さい
資料とか
ライターさん
イスとか
自分の仕事に関連したもの
事業をやってなければ支出しないもの！
事業に一番詳しいのはあなた……！
ぱーちく
ぴーちく
これは経費！？
これは？
これはなに費っ？
これどうなんでしょ
経費になるかならないかはあなたの心が決めるべき!!
いちいち聞くな？
ぐわっ
ぴゃ～～～！
ふーっ
普段おこらないからつかれちゃった
ピョヨヨ
事業とは、売上をあげることなので
取材の電車賃 OK!
取材行く時のスーツ代 OK？
ライター
その売上に貢献しているかが重要
経費をよく「～費」とわけますが
取材の電車賃＝交通費
ピョ～
これを勘定科目といいます

<よくある勘定科目一覧>

勘定科目	内容
交際費	営業目的での接待の飲食代、お歳暮、お中元、贈り物など
旅費交通費	電車・バス・タクシー代、宿泊代など
車両費	ガソリン代、高速代、コインパーキングなど
取材費	取材にかかった交通費、宿泊代、飲食代など
修繕費	パソコンやカメラの修理代など
消耗品費	10 万円未満のパソコン用品、文具などの事務用品、名刺代など
広告宣伝費	広告掲載料や Web サイトの制作費など
新聞図書費	書籍、雑誌、電子書籍、新聞など
会議費	打ち合わせの飲食代など
外注費	外部への業務委託費など
地代家賃	家賃、契約更新料、月極駐車場代など
通信費	電話代、インターネット利用料、ドメイン代、サーバー代、切手・ハガキ代、郵送料など
水道光熱費	電気代、ガス代、水道代
租税公課	一部の税金（事業税・固定資産税など※）、収入印紙代など
研修費	セミナー参加費用など
諸会費	会費やオンラインサロンの支払いなど
支払手数料	銀行の振込手数料、各種手数料、そのほかサービスの対価
支払報酬	税理士報酬や士業報酬など
雑費	どの項目にもあてはまらない経費

※所得税と住民税は経費になりません

決まりはないけど、
法人の基準で飲食費を分けておくのがオススメ！
●交際費＝1 人あたり税抜き 5,000 円超の飲食費
●会議費＝1 人あたり税抜き 5,000 円以下の飲食費

ここで紹介した勘定科目は
一般的な例だけど
自分で設定して OK なので
雑費はなるべく使わない
ようにしよう

これって何費ですか？
と質問されるのですがぶっちゃけ……
どの経費が何の科目に入ってようが一緒！
交際費 ○○○円
会議費 ○○○円
交通費 ○○○円
雑費 ○○○円
合計 □□円
ここが重要！
税金額を計算できればそこまで大きな支障なし！
注意するとしたら
勘定科目のバランス!!
経費
売上
あやしい
経費は売上をあげるためにあるのに……
これって何費ですか？
よりも
これって経費ですか？
の方が重要！「これは仕事で使った」と説明できて、相手を納得させられることが大事
行武さんナ〜イス！
正確な答えがないグレーな世界……
経費にしてほしい〜
マンガ家あんじゅ先生の化粧品は!?
経費に
する
しない
顔出しで営業してるから
職業と関係ない？
税務調査官
税務調査官とフリーランスの人数分、それぞれの解釈がある

電子書籍やnote

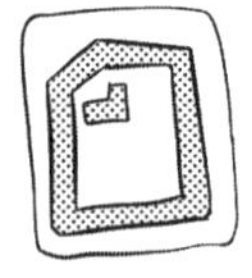

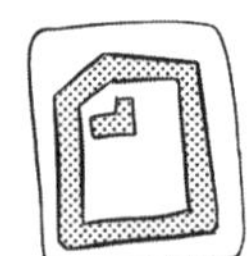

紙の書籍と一緒♡
新聞図書費

クラウドファンディング

ビジネス上のお付き合いなら
「交際費」、リターン目的なら
「消耗品費」「諸会費」など

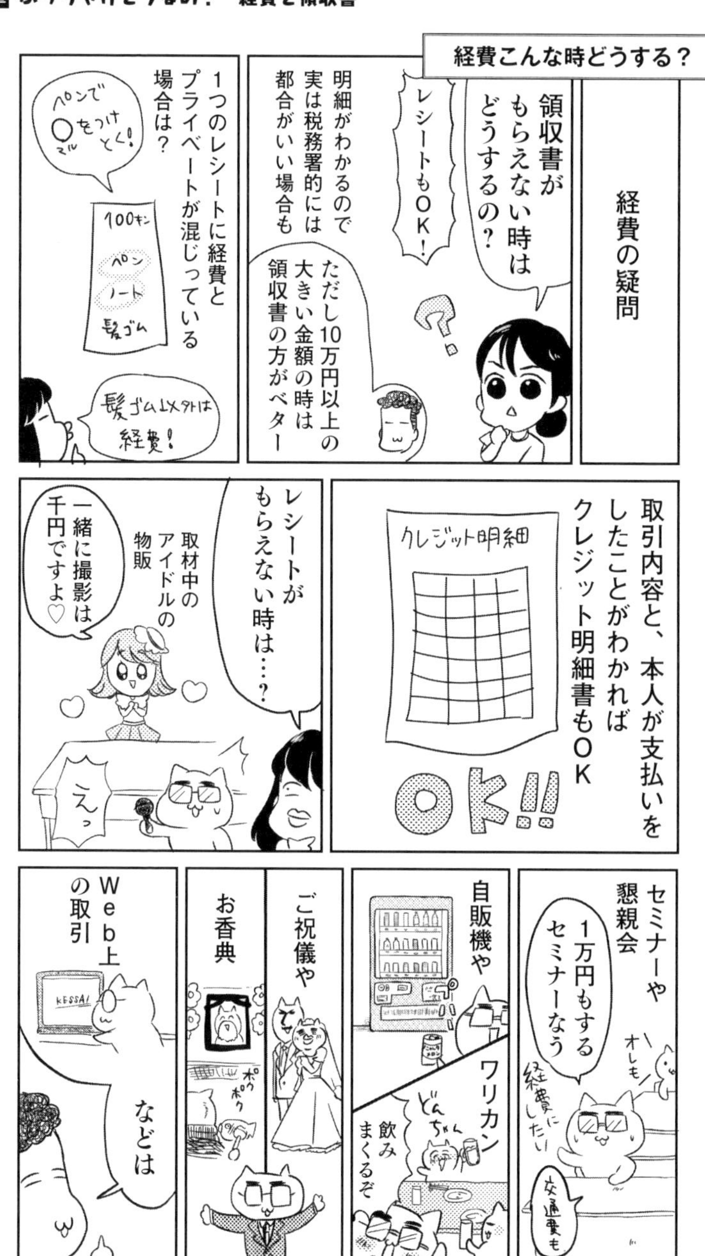
経費の疑問
経費こんな時どうする？
領収書がもらえない時はどうするの？
レシートもＯＫ！
明細がわかるので実は税務署的には都合がいい場合も
ただし10万円以上の大きい金額の時は領収書の方がベター
1つのレシートに経費とプライベートが混じっている場合は？
ペンで○をつけとく！
マル
100キン
ペン
ノート
髪ゴム
髪ゴム以外は経費！
取引内容と、本人が支払いをしたことがわかればクレジット明細書もＯＫ
クレジット明細
OK!!
レシートがもらえない時は…？
取材中のアイドルの物販
一緒に撮影は千円ですよ♡
えっ
セミナーや懇親会
1万円もするセミナーなう
オレも
経費にしたい
交通費も
自販機や
ワリカン
どんちゃん
飲みまくるぞ
ご祝儀や
お香典
ポクポク
Web上の取引
KESSAI
などは

<出金伝票の書き方>

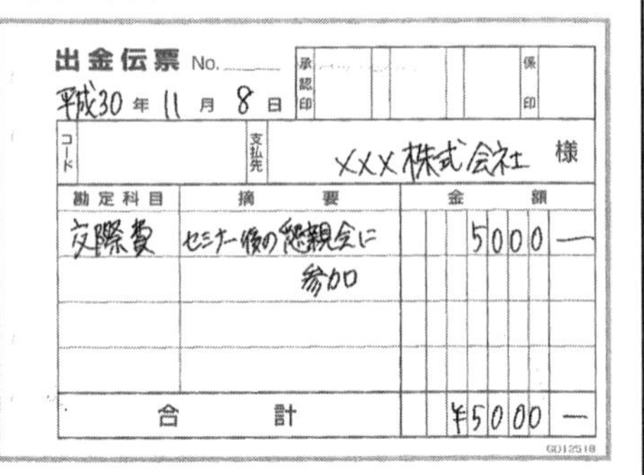

出金伝票 No.
平成30年11月8日

承認印	係印

コード	支払先
	XXX株式会社 様

勘定科目	摘要	金額
交際費	セミナー後の懇親会に参加	5000—
合計		¥5000—

- 日付、相手先、勘定科目、支払った内容を記載
- 金額は作成後に改ざんできないように、¥や—を書く!

領収書１枚の価値はいくら？

1万円の領収書はいくらの価値なのか？　計算してみた

【領収書が見つからなかった場合】

所得税：課税所得 100 万円× 5%=5 万円
住民税：課税所得 100 万円× 10%=10 万円※

あんじゅ先生が払う税金の合計税額 =**15 万円**

※住民税の課税所得が所得税と同じになることはありませんが、便宜上同じにしています

【領収書が見つかった場合】

1万円の領収書＝1万円の経費なので
所得税：課税所得 99 万円× 5%=4 万 9500 円
住民税：課税所得 99 万円× 10%=9 万 9000 円

あんじゅ先生が払う合計税額 =**14 万 8500 円**

1万円の領収書が見つかって
あんじゅ先生が払う税金は 1500 円下がった＝ 1500 円得をした！
このケースでは、**1万円の領収書は 1500 円の価値がある**

心の支えは経費になる？
お伺いしたいんですが
ニャン6
キャ〜キャ〜
私の心の支えニャン6のファンクラブ会費は経費になりますか？
そ、それなら私も……！
ぐっ
ニャーKBファンクラブも心の支えですが経費にしてもいいですか？
パァァァ
え！
心の支えなんです！
じゃあ……
そのファンクラブ仕事やめたらぬけるの？
フンスカ！
ぬけるわけないじゃないですか
私達の愛をなめないで下さいっ
じゃあ経費にならないよ
心の支えは経費にならず
でも実は！ファンクラブも経費にできる裏ワザがあるんだよね〜
詳しくはこの後のページで！

知っているとお得な家事按分

どうしてその割合か根拠を述べられるかが大事！

たとえば広さや時間で割合を出す

広さ

ワンルームの部屋を約半分作業スペースとして使う

▶約５割

時間

１日のうち８時間を作業スペースとして使う

▶約３割

主な家事按分の事例

●自宅兼事務所に関する費用
（家賃、水道光熱費、Wi-Fi 代など）

●車に関する費用
（車体購入費用、ガソリン代、駐車場代など）

なぜなら

〜国税庁の HP より〜

個人の業務においては一つの支出が家事上と業務上の両方にかかわりがある費用（家事関連費といいます。）となるものがあります。
（例）交際費、接待費、地代、家賃、水道光熱費
この家事関連費のうち必要経費になるのは、取引の記録などに基づいて、業務遂行上直接必要であったことが明らかに区分できる場合のその区分できる金額に限られます。

つまり、家事按分できる用途が指定されているわけではない
家事上と業務上の両方に関わりがある費用のうち
OK!
費用
仕事
プライベート
仕事に直接必要であったと区分できればOK!
・沢山の作品を見て刺激を受ける
・マンガの参考資料にする
あんじゅ先生にとって必要!
ほ〜
しっかりと経費であることを説明できれば理論武装次第では
美容代や化粧品代なども
「消耗品の〜%」のように
家事按分が可能
じゃあ!ニャン6ファンクラブ会費は!
ニャーKBは?
事業性が認められれば可能性はあるね!
ただし!
これはダメ!
あれもこれも全部家事按分〜♡
全てを経費にする（全部なわけない!）
ツッコまれる箇所が多いと怪しまれます
人がチェックするので印象悪くならないよ〜に
昨年は50%経費
今年は70%にしようかな
毎年割合をコロコロ変える（怪しい!）
あくまでも大事なのは「自分がきちんと説明できるか」
これはあの時にこういう理由で必要で使いました
費用

特殊な家事按分は税務調査で論点になる可能性が高いが
●●なんで必要なんですっ。
必要です！
うーん
費用
計上してみていけたらラッキーダメだったらその時修正しよう！
家事按分は自宅関連しかダメという情報が多いが
仕事に必要なんだけど仕方ないのかな？
NG
ネット情報を全て信じるのではなく自分でも考えてみよう
イヤ～かなり重要で8割で家事按分します
エヘ
ダウトっ
わざと経費をカサ増しするのはダメ!!ちゃんと説明できる内容で！
あと経費を考える上で大事なのは
スッ
余白を作ること
ぐーん
ムっ
経費から外したレシートをとっておくといいよ
6月
経費の山
残しておいて、ちゃんと処理したアピール
経費外
経費のレシートだけだと「さすがに全部じゃないでしょ」と否定される可能性もあるので余白があると説得力もアップ！

\なるほどー/
ど……どう？
経費について
少しはわかった？
うんっ
ホッ
ん

ファンクラブを
家事按分
できるかもって
目からウロコだな～
楽しかったナ～っ

フリーランスになりたてで
不安だったけど……
経費を説明できる
ように管理します！
いつか来る、税務調査のためにっ

私は税理士さんに
丸投げだったけど
色々相談しようと思った～！
なんかちょっとわかった気がする…

今年こそ
期限までに
確定申告
できるかも
フフーン

いや、
ちゃんと期限
守りなさいよ
ずばっ
えへ♡

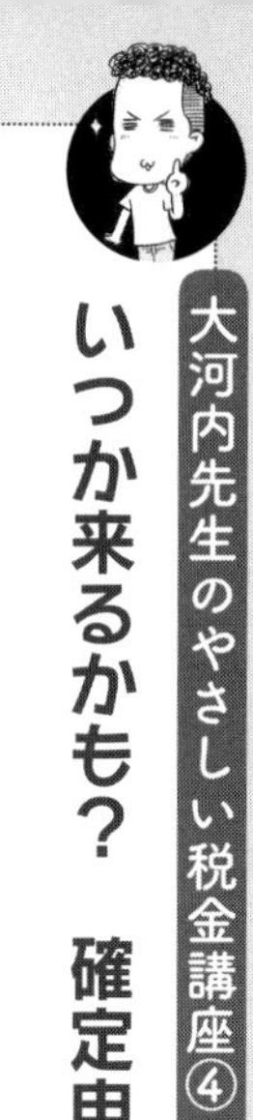

大河内先生のやさしい税金講座④

いつか来るかも？　確定申告の答え合わせとは

税務調査って何をするの？

確定申告書を提出する時に、税務署の人に中身をチェックされると思っている人は多いです。しかし、そんなことをしたら税務署の受付はパンクします。

ではどうするか？　**確定申告書の答え合わせは、税務調査で行われます。**税務調査と聞くと、一般には恐怖というイメージが先行している気がしますが、そんなことはありません。**税務調査は話し合い**です。

流れはこんな感じ。税務署の担当官（調査当日に来る人）からあなたのもとに電話がかかってきます。担当官は税務調査をしたい旨と、日程を伝えてきます。日程については言いなりになる必要はなくて、交渉の余地ありです。

一般的な個人事業主の調査は担当官が1～2人で、1日または2日間で行われることが多いです。調査の対象年度は直近3年分となることが通例です。用意しておくべき資料は、事前に伝えられます。

時間はAM10時～PM5時で、場所はあなたの本店所在地で行われますが、顧問税理士の事務所の会議室でやりたいなど、交渉の余地はあります。

調査は、あなたが事業の概要を説明するところからスタート。その後、調査官の**帳簿チェックと領収書・請求書などの証拠書類のチェック**。その都度、追加資料の依頼や質問が飛んできます。

そして最後に今回の調査の総括。総括では「今後はこの点を直してください」という指導と、「ここは修正すべきでは？」という否認があります。どのような修正をするか、修正申告書を提出するかなどは、**調査当日では決定しないことが多い**です。調査の後日やりとりをして結論が決まっていきます。

恐怖のマルサとは？

一方、**国税局査察部、通称マルサ**。税務調査に怖い印象を持っているとすればコレのせいです。マルサの仕事は『マルサの女』という映画にもなるほどにドラマティック。

マルサの方々は、大脱税劇を演じる悪い輩のもとに裁判所の捜査令状を持って現れます。本人と関係者に対して、数十～百人規模の人員を駆使して一気に強制捜査を行うのです。

一気に関係各所を捜査するのは、関係者の手を一斉に止めることで証拠隠滅をさせないため。やはり**事前予告のない強制捜査**と聞くと恐怖ですね。

でも安心して下さい。**あなたのもとに来る可能性は低い！　脱税額およそ1億前後でマルサは動きます。**マルサは疑惑を確信に変えるために内偵をして、強制捜査で一気に証拠をかき集める…。ということで、マルサは悪意を持った脱税野郎のもとにしか現れません。

あなたが「これは経費かな？」とギリギリのラインを攻めているのはかわいいものです。税務調査で、**調査官に対して経費となる根拠をとことん話して下さい。**主張が通れば儲けもん、否認されても少しのペナルティですからね。

ペナルティってどれくらいとられるの？

では、税務調査で「この経費は認めません！」と言われたら、一体どんなペナルティが待っているのでしょうか？

結論としてはペナルティはありますが、あなたと税務署との見解の相違からくる修正については「多大な」ペナルティは待っていません。ご安心を！

●延滞税（延滞金）

ひとことで言えば、**遅延利息**です。

税務調査で「これは経費として認められませんよ～」となってしまえば、あなたの所得は増えて、税金も増えます（泣）。

税務署からの指摘を受けて増えた税金は、本来の納期限には納められていないわけです。よって**「本来の納期限」から「調査を受けて実際に追加納付をした日」までの期間に遅延利息がかかります**。元本となるのは追加で納付した税金です。この遅延利息が延滞税です。

国税＝所得税についての遅延利息が**延滞税**と呼ばれ、地方税＝住民税や事業税は**延滞金**と呼ばれます。名前は違いますが、内容は基本的に同じです。ちなみに個人の住民税や事業税には延滞金はかからないと考えて大丈夫です。

ということで、フリーランスの皆さんは**原則的には所得税だけに延滞税がかかると考えればＯＫ！**

では一体いくらぐらいかかるのか？　この計算が、非常にめんどくさいんです。期間によって税率が違うし、その税率も毎年変わります。

期間	割合	
	①	②
平成26年1月1日から 平成26年12月31日	2.9%	9.2%
平成27年1月1日から 平成27年12月31日	2.8%	9.1%
平成28年1月1日から 平成28年12月31日	2.8%	9.1%
平成29年1月1日から 平成29年12月31日	2.7%	9.0%
平成30年1月1日から 令和2年12月31日	2.6%	8.9%

（国税庁HPより）

①当初納付期限の翌日から2ヶ月間の延滞税率
②①より後の期間の延滞税率

自主的に修正申告をした場合は、納期限の1年後以降の延滞税はかかりません。つまり、**税務調査で指摘を受けて自分で修正申告を提出する場合には、延滞税は1年分しか、かからない**のです。

たとえば令和2年分なら、追加で収める税金の2・6%と8・9%の日割りです。

税務調査で30万円分の経費が認められなかったとします。所得税の税率が最低税率5%だったとして、1年丸々延滞税がかかったとしても、

30万円×5%＝1万5000円（追加で収める税金）
↓1万5000円×2・6%×60日／365日＋1万5000円×8・9%×305日／365日＝
延滞税約1100円

語弊はあるかもしれませんが、この程度の額なのです。多いと思うか、少ないと思うかは、あなた次第ですが。

●加算税（加算金）

こちらは罰則金みたいなイメージです。延滞税同様、国税での呼び名が**加算税**で地方税での呼び名が**加算金**です。

加算金の対象になる地方税は法人事業税だけなので、**フリーランスの罰則は、実質的に所得税への加算税しかありません。**

〈過少申告加算税〉※

申告で**税額を過少申告したことに対する加算税**です。**税率は10%。**修正の末に追加で納める税金に対して10%です。

※平成28年12月31日以前に申告期限が到来する所得税については、調査後に自主的に修正申告をすれば過少申告加算税はかかりません。

〈重加算税〉

この加算税は、いわゆる**脱税行為への罰則**です。存在しない経費を水増ししたり、売上を不当に少なくしたりと、事実を捻じ曲げて税逃れをしようとした場合に重加算税がかかります。**税率は35%**。過少申告加算税同様、修正の末に追加で納める税金に対して35%です。

ペナルティという意味では、事実を捻じ曲げての脱税行為ですから、**刑事告訴される可能性もあります**。

個人の税金へのペナルティ。いかがでしたか？悪意を持った脱税行為でなければ、延滞税や加算税はそれほどでもという感じではないですか？

ですから**「あなたが仕事と関係すると自信を持って言える経費」については、誰がなんと言おうと、ドンドン確定申告書に反映した方がいい**と思います。

何度も言いますが、通れば儲けもん、否認されても少しのペナルティですから。

大河内先生のやさしい税金講座⑤

ぶっちゃけどこまで？　経費あれこれもの申す！

一般的にはNGと言われていても？

フリーランスの確定申告では「何がどこまで経費になるのか？」が最大の論点です。経費の線引きというのは非常に難しい問題。だが「ぶっちゃける」と銘打った本書で、この話に切り込まないわけにはいかない！　怒られることも承知の上で、個人的見解を。

アーティストのファンクラブやアマゾンプライムが経費になるかというと、普通に考えたら厳しいですね。ただ、〝エンタメや娯楽っぽいイメージ〟だけで「絶対ダメ」と言われてしまうのは、違和感があるなと思うんです。

もちろんそう簡単には経費として認められることはないでしょう。しかし、**「それがなければ仕事にならない」**、**「仕事をしていなければその経費を支出していない」**なら、どうでしょう？

心の支えだけだったら厳しいですが（笑）、「これはこういう理由で経費だ〜！」と説明できるのであれば、税務署と真っ向勝負をしてほしい！　と、大河内は思うわけです。

たとえば、**保育園代**。これは基本的には経費になりません。けれど未婚で、お子さんがいて、保育園に預けなければ仕事にならないとしたら？

残念ながら厳しい戦いだと思いますが、一部くらい認められてもいいんじゃないかと思います。遊び好きな経営者が、毎日のように使うゴルフ代やキャバクラ代よりずっと真っ当です。ただ、どちらが経費として認められやすいかというと「保育園＜ゴルフやキャバクラ」ですから、世知辛い世の中です。まあ後者は法人だからというのもありますが。

他にも、**衣装代や美容代**。

これもなかなか難しいですが、認められるケースもあります。もちろんプライベートでも使えるものだから全額は無理ですが、**仕事だけでしか着ない衣装なら、全額経費**。

あとは、**それを証明するものを用意**したいですね。**イベント当日の写真や、取材掲載メディア、衣装は常に事務所に置いているなど**です。

これらは偽装しようとしたらできますが、それはダメですよ。ウソは見破られますから。やましい気持ちがなくて、本心ならば、凛とした態度で税務調査にのぞめます。

インターネット上では、あれはダメだとかこれは大丈夫とか、無数の情報が散乱しています。しかし、それらは税務調査で認められたものではなくて、あくまで一般論。万に一つ税務調査で負けなかった事実だとしても、**あなたのケースに置きかえたら、結論はいくらでも変わります。**

（タレントの板東英二さんは、名古屋国税局の税務調査で、植毛は経費として認められず、カツラは認められたというのは有名な話です）

ということで！　**あなたの仕事と支払った経費、その関連性をしっかり説明できる**ようにして、**勇気を持って全部計上**してほしいですね。認められなくても少しの延滞税を払うだけ。だから、勝負した方がいいというのが大河内の個人的見解です。

経費迷うもの一覧表

●経費として認められやすいもの

例	勘定科目	メモ
1人で作業した時のカフェ代	会議費	ただし自宅を仕事場としている場合は、使用頻度が多いと指摘される可能性あり
2人以上で打ち合わせした時のカフェ・飲食代	会議費・交際費	
インタビューなどでのカフェ・飲食代	取材費	
仕事相手との食事や飲み会代	会議費・交際費	純然たる仕事相手なら OK
仕事相手への手土産、お中元、お歳暮、ご祝儀など	交際費	純然たる仕事相手なら OK
コワーキングスペースの利用料	会議費	月極めなら地代家賃でも OK
セミナーやイベントの参加費	交際費・研修費	仕事相手とのお付き合いの場合は「交際費」。自分の事業に関係がある場合は「研修費」
クラウドファンディングの支援金	交際費・消耗費・諸会費	仕事相手とのお付き合いの場合は「交際費」。自分の事業に関係がある場合は「消耗費」or「諸会費」。リターンによる
有料メールマガジン、note など	新聞図書費	紙の書籍と同じ扱いになる
「やよいの青色申告」などの会計ソフト	消耗品費	
商売繁盛を祈願した祈祷料	雑費	個人的なお参り、お守り購入などは NG

●経費として判断が分かれるもの

例	勘定科目	メモ
スポーツジムの利用料	△諸会費	個人の体調管理は経費にならない。職種がパーソナルトレーナーなど事業性が認められれば可能性あり
マッサージ	×	個人の体調管理は経費にならないが、治療の場合は医療費控除の対象になる
健康診断、人間ドック	×	予防は経費にならないが、治療の場合は医療費控除の対象になる
英会話などの習い事	△研修費	事業に関連すれば「研修費」など
化粧品、エステ代、美容関連	△美容費	人前に出る職種かどうか。　購入額全てが認められることはないが、家事按分できる可能性あり
衣料品、衣装、スーツなど	△衣装費	人前に出る職種かどうか。購入額全てが認められることはないが、家事按分できる可能性あり
保育園代	△支払手数料	なかなか厳しい

4章のまとめ

◎経費の基本は、自分の仕事に関連しているかどうか

◎経費の判断は、税務調査官の数だけ解釈がある＝正解はない！

◎領収書はお金と同じ価値がある

◎家賃や光熱費など、仕事とプライベートにまたがる費用は、家事按分として経費にできる

ぶっちゃけポイント

支払調書は会社ごとでルールがあいまいなので、間違っている可能性も。自分で管理しないと損するかも

経費を分ける勘定科目にルールはないので、自分で決めてOK

美容代やファンクラブ代も事業性を説明できれば、家事按分できる可能性あり

経費から外したレシートもとっておくと印象が良くなる

5章 いざ！確定申告

フリーランスになりたての頃
根がマジメな私は
父のすすめによって青色申告会
に参加
父同席っ

……

帳簿をもとに、
損益計算書を作成して
みましょう
お手元の資料をご覧下さい
ほう。
資料のページの通り
貸借対照表を……
ねえ
ぐわんぐわん

さあ！ これで
みなさんも
青色申告
できますね？
聞いてる？
って感じで
終わりました

へ～！ じゃあ
青色申告について
ちょっとは
わかるんだ！
いえ、全く何も
覚えていません
よく聞く青と白って
何が違うんですか？

………
いっちょ簡単な方法
教えて下さーいっ
キャハ♡

青か白かで、
お得な控除が
受けられるか
決まるんだよ
お願いだから
ちゃんと聞いて!!
ガクガク

まず、確定申告には
4種類あります
2種じゃないの？
青色申告だと特別控除で10万円か55万円か65万円を引けるから節税効果がスゴイんだよ
確定申告の種類
届出必要ナシ
白色申告
控除0円
帳簿がカンタン
届出必要アリ
青色申告10万円控除
帳簿がカンタン
青色申告55万円控除
帳簿が大変
青色申告65万円控除
おトクです
帳簿&電子申告が大変

以前は所得300万円未満の白色申告は帳簿をつけなくても大丈夫だったんですが
平成26年からは帳簿のつけ方が青色10万円控除とほぼ同じになりました
せま
え？ 白色って簡単だからオススメじゃないの？
私、白色なんですが……
同じ手間で控除を受けられないから大損だね！

確定申告は青色一択！
じゃじゃ～ん
青色
電子
そして必ず電子申告！
65万円控除の条件は青色申告を電子申告すること！
ポポーン
確
電子申告以外は55万円控除になります。
めんどくさくても青色申告か……儲かってなくても得するの？
うーん
どれくらいお得になるの？
課税所得195万円
最低税率（所得税5%住民税10%）でも……
65万円控除
15%の税金が減る
つまり最低税率の人でも9万7500円得する！
ウハ
ウハ
★詳細は147pのコラムへ！

青色申告の基本

・身内に給料を払って経費にできる！
(税務署に届出が必要)

・10万円以上30万円未満の高額なものを一括で経費にできる！

・赤字を3年間繰り越せる！

ただし「開業届」と「青色申告承認申請書」を提出しないと、青色申告できません！

開業2ヶ月以内か、その年の1月1日～3月15日の間に税務署に申請して下さい

期限を過ぎると来年からになっちゃいます

税務署職員さん

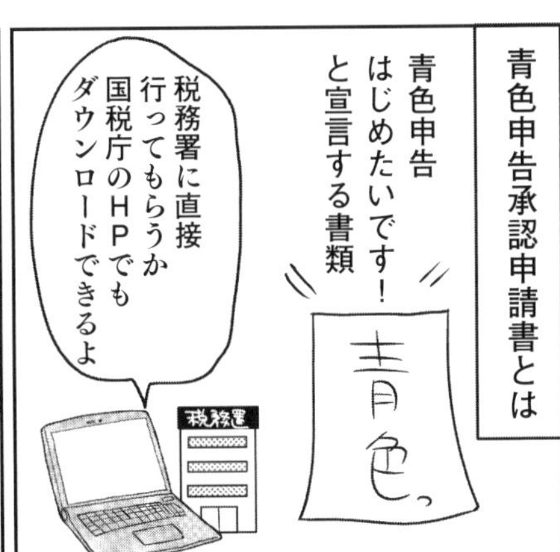
青色申告承認申請書とは
青色申告はじめたいです！と宣言する書類
青色っ
税務署
税務署に直接行ってもらうか国税庁のHPでもダウンロードできるよ

書いたら税務署に郵送or提出しましょう
これで私も青色だ
ハイッ

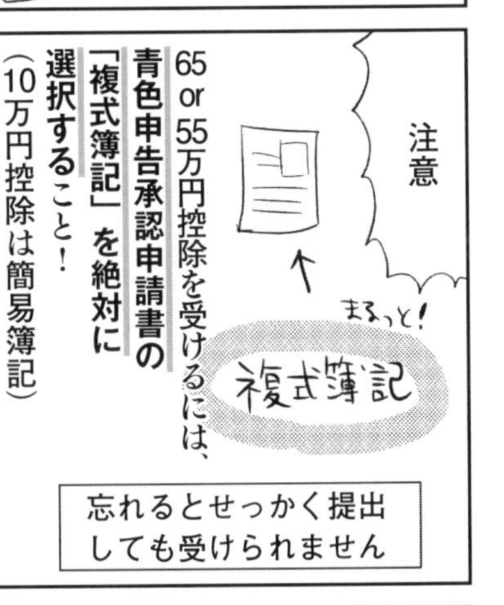
注意
まるっと！
複式簿記
65 or 55万円控除を受けるには、**青色申告承認申請書の「複式簿記」を絶対に選択する**こと！
（10万円控除は簡易簿記）
忘れるとせっかく提出しても受けられません

うわっ！　簿記?!
簿記とかムリなんですけど
大丈夫！
大丈夫って税理士に言われても！

青色申告やるのは何も知らない私なんですよ
本当に大丈夫！
キィ〜

会計ソフトさえあれば自動でやってくれるから
え
さあみなさんも勇気をもって青色申告やってみよ〜

<青色申告承認申請書の書き方>

税務署受付印

1	0	9	0

所得税の青色申告承認申請書

日本橋　税務署長

令和2年　8月　1日提出

納税地	○住所地・○居所地・○事業所等（該当するものを選択してください。） （〒103 − xxxx ） 東京都中央区日本橋×××× （TEL 03 −×××−×××）
上記以外の住所地・事業所等	納税地以外に住所地・事業所等がある場合は記載します。 （〒 − ） （TEL − − ）
フリガナ	オオコウチ　カオル
氏名	大河内　薫　㊞
生年月日	○大正 ○昭和 ○平成 ○令和　×年 ×月 ×日生
職業	税理士
フリガナ	アートビズゼイリシジムショ
屋号	ArtBiz税理士事務所

令和 2 年分以後の所得税の申告は、青色申告書によりたいので申請します。

1　事業所又は所得の基因となる資産の名称及びその所在地（事業所又は資産の異なるごとに記載しま…

名称＿＿＿＿　所在地　東京都中央区日本橋××××

名称＿＿＿＿　所在地＿＿＿＿

2　所得の種類（該当する事項を選択してください。）

○事業所得・○不動産所得・○山林所得

3　いままでに青色申告承認の取消しを受けたこと又は取りやめをしたことの有無

(1)　○有（○取消し・○取りやめ）＿年＿月＿日　(2)　○無

4　本年1月16日以後新たに業務を開始した場合、その開始した年月日　＿年＿月…

5　相続による事業承継の有無

(1)　○有　相続開始年月日　＿年＿月＿日　被相続人の氏名＿＿＿＿

6　その他参考事項

(1)　簿記方式（青色申告のための簿記の方法のうち、該当するものを選択してください。）

○複式簿記・○簡易簿記・○その他（　　）

(2)　備付帳簿名（青色申告のため備付ける帳簿名を選択してください。）

○現金出納帳・○売掛帳・○買掛帳・○経費帳・○固定資産台帳・○預金出納帳・○手形記入帳
○債権債務記入帳・○総勘定元帳・○仕訳帳・○入金伝票・○出金伝票・○振替伝票・○現金式簡易帳簿・○その他

(3)　その他

税務署整理欄	整理番号	関係部門連絡	A	B	C		
	0						
	通信日付印の年月日	確認印					
	年　月　日						

事務所が自宅以外の場合は、ここに記載

青色を開始する年を記載

屋号はなくてもOK！

基本は事業所得でOK！

事務所の所在地を記載　自宅が事務所の場合は自宅住所でOK！

相続は関係ないので、スルーしてOK！

65 or 55万円控除→複式簿記
10万円控除→簡易簿記
つけ忘れると65 or 55万円控除は受けられないので注意！

会計ソフトならこのあたりは自動生成されるので、とりあえずチェックしておく！

これで青色だ〜っ

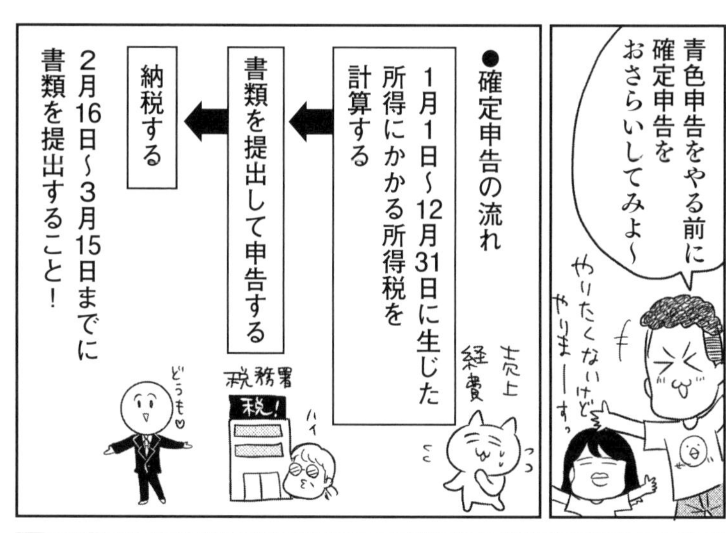
青色申告をやる前に確定申告をおさらいしてみよ～
やりたくないけどやりまーす
売上
経費
●確定申告の流れ
1月1日～12月31日に生じた所得にかかる所得税を計算する
書類を提出して申告する
納税する
2月16日～3月15日までに書類を提出すること！
税務署
税！
ハイ
どうも♡

なるほど！提出する書類か～！
そう！書類!!
よしっ
いいよ～
って、提出する書類ってなんですか？
ん？
それはね♡
「青色申告決算書」と「確定申告書B」という2つの書類が必要だよ

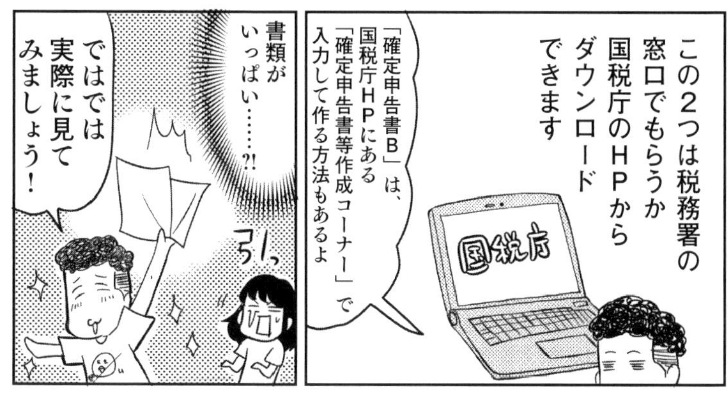
この2つは税務署の窓口でもらうか国税庁のHPからダウンロードできます
国税庁
「確定申告書B」は、国税庁HPにある「確定申告書等作成コーナー」で入力して作る方法もあるよ
書類がいっぱい……?!
ではでは実際に見てみましょう！

確定申告に必要な書類は、
「青色申告決算書」と「確定申告書 B」の２種類。
それぞれどんな書類か紹介するよ！

①青色申告決算書 （4 枚あるよ）

★損益計算書（1 枚目）

・「1 年間の経費はこれくらいで、これだけ稼ぎました！」
という書類。帳簿をもとに作成する。

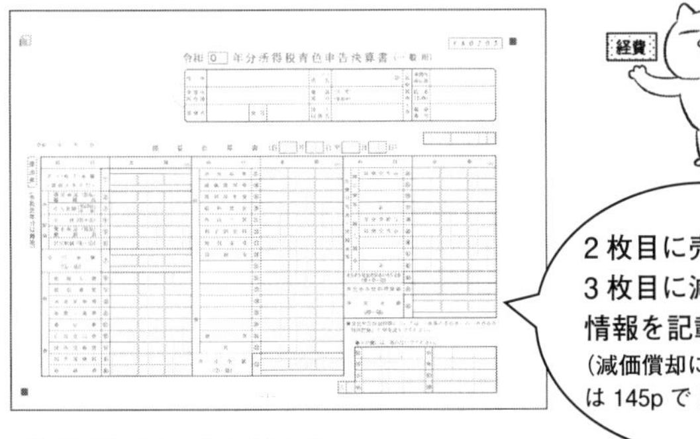

稼ぎ

経費

2 枚目に売上の内訳、
3 枚目に減価償却の
情報を記載するよ！
（減価償却について詳しくは 145p で！）

★貸借対照表（4 枚目）

「私の資産と負債はこんな感じです！」という書類。
複式簿記での作成が必要で、65 or 55 万円控除にはこれが必須！

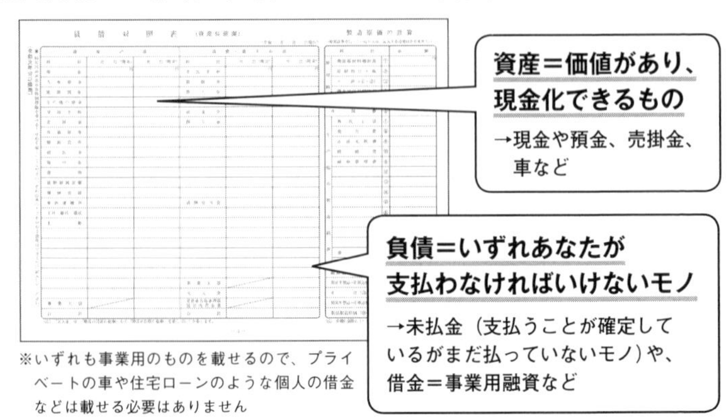

※いずれも事業用のものを載せるので、プライベートの車や住宅ローンのような個人の借金などは載せる必要はありません

②確定申告書 B （2枚あるよ）

「私の所得税は、こういう理由でこの額になりました！」という書類。確定申告書 A もあるので間違えないように注意！

★第１表

★第２表

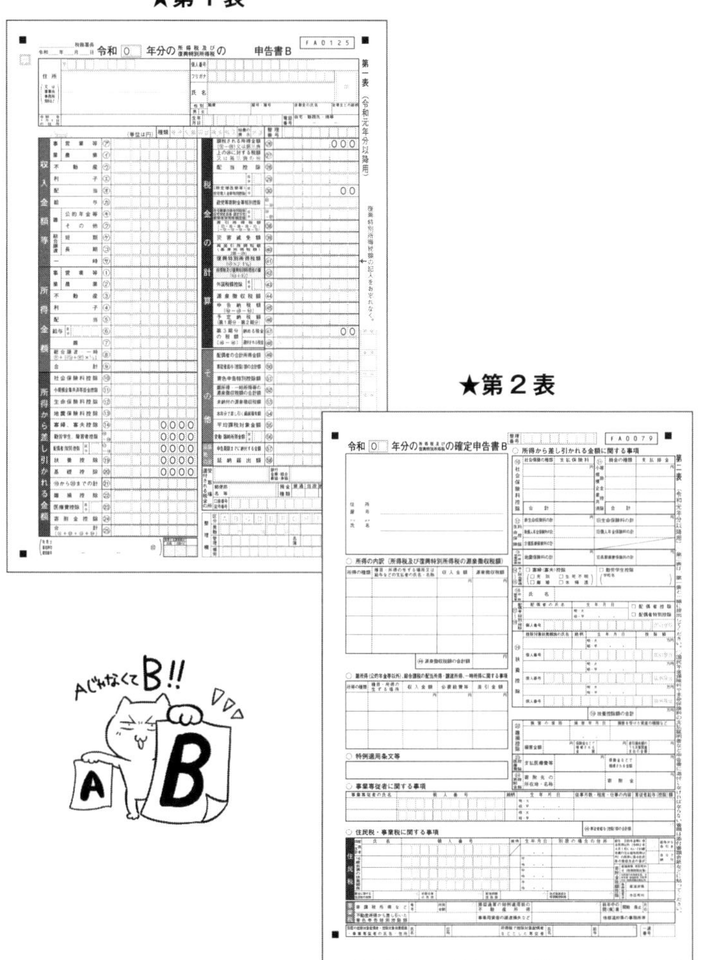

令和 0 年分の 所得税及び復興特別所得税の 申告書B

FA0125

第一表（令和元年分以降用）

住所

個人番号

フリガナ

氏名

収入金額等：事業 営業等、農業、不動産、利子、配当、給与、雑 公的年金等、その他、総合譲渡 短期、長期、一時

所得金額：事業 営業等、農業、不動産、利子、配当、給与、雑、総合譲渡・一時、合計

所得から差し引かれる金額：社会保険料控除、小規模企業共済等掛金控除、生命保険料控除、地震保険料控除、寡婦、寡夫控除、勤労学生、障害者控除、配偶者（特別）控除、扶養控除、基礎控除、雑損控除、医療費控除、寄附金控除、合計

税金の計算：課税される所得金額、上の⑳に対する税額、配当控除、災害減免額、復興特別所得税額、外国税額控除、源泉徴収税額、申告納税額、予定納税額（第1期分・第2期分）、第3期分の税額

その他：配偶者の合計所得金額、専従者給与（控除）額の合計額、青色申告特別控除額、未納付の源泉徴収税額、平均課税対象金額、変動・臨時所得金額

延納の届出：延納届出額

令和 0 年分の 所得税及び復興特別所得税の確定申告書B

FA0079

第二表（令和元年分以降用）

住所

屋号

氏名

○ 所得から差し引かれる金額に関する事項

○ 所得の内訳（所得税及び復興特別所得税の源泉徴収税額）

○ 雑所得（公的年金等以外）、総合課税の配当所得・譲渡所得、一時所得に関する事項

○ 特例適用条文等

○ 事業専従者に関する事項

○ 住民税・事業税に関する事項

1つめの青色申告決算書を作ってみよう

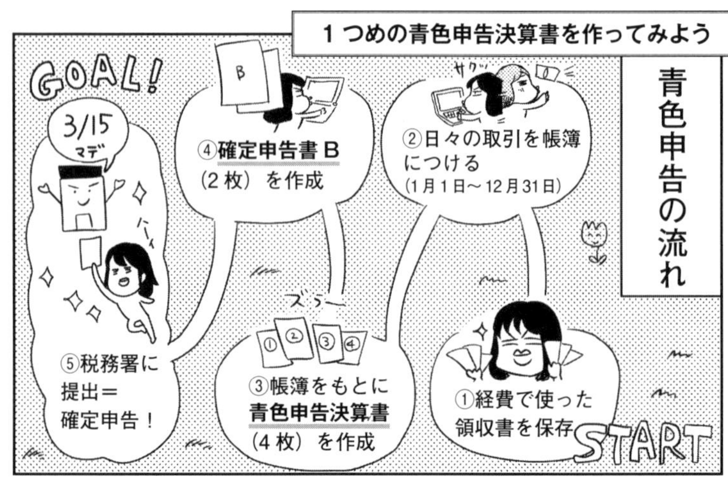

青色申告 10 万円控除

▶ Excel で経費を集計したような家計簿レベルの記入でOK

青色申告 65 or 55 万円控除

▶「複式簿記」という簿記のルールにそった記帳が必要

帳簿でよくある勘違い
たとえばあんじゅ先生が12月にマンガを納品しました
12月24日に請求書を出して……
1ヶ月後にギャラが入金されました
12月24日
イエーイ

入金された1月の売上で帳簿をつけるんでしょ？
1/24
すぐ入力っ
ブッブー！
答え
実は12月の売上になります

売上や経費は支払いがあった時点ではなく
請求書を発行した時など**金額が確定した時点**が正しいタイミング
入金日
1/24
納品
タンッ

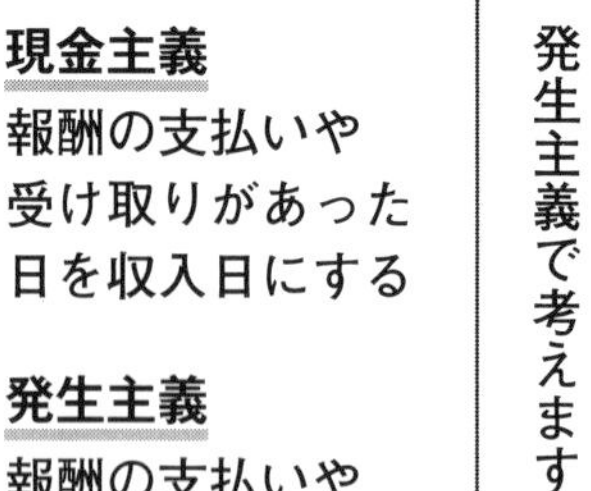
現金主義ではなく発生主義で考えます
現金主義
報酬の支払いや受け取りがあった日を収入日にする
発生主義
報酬の支払いや受け取りが確定した日を収入日とする

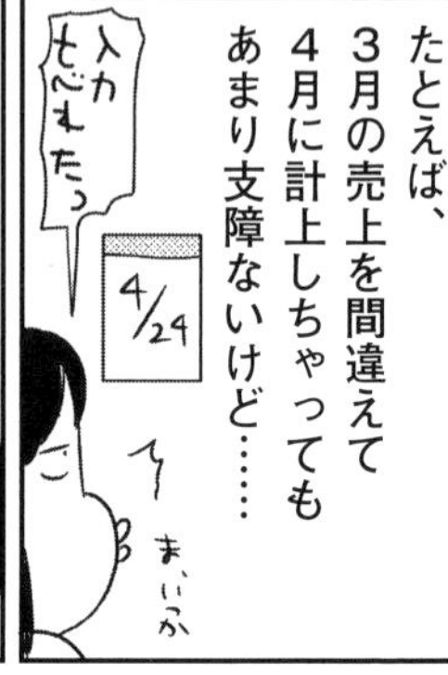
たとえば、3月の売上を間違えて4月に計上しちゃってもあまり支障ないけど……
入力忘れたっ
4/24
ま、いっか

年をまたぐと、二重で計上してしまう可能性も！
確定申告は「1年分」の申告なので引っかかるとアウト！
12/24
ペラペラ
アワワ

年末年始や入金に時差のある案件は注意だね！
知らないと怖い～っ

＜会計ソフトで帳簿をつける流れ＞

会計ソフトの中には、帳簿の種類がいくつかあります。
基本はどの帳簿も「日付」「金額」「勘定科目」「簡単な取引内容」を記載すればOK。
各帳簿の役割は、下記のようになります。

日々つけるメインの帳簿はこれ！

●現金出納帳

現金のやり取りを記録する。
使った経費はここに記載しておこう。
他にも現金取引で入ってきた売上があれば記載を忘れずに。
毎日ではなくても大丈夫なので、まずはこれを日々つけるのを習慣にすると、あとあとラク。

●預金出納帳

預金のやり取りを記録する。通帳をそのまま転記でOK。

場合によっては、年末年始の処理だけで良い帳簿はこれ！

●売掛金元帳

売上の未収状況を記録する。
「売掛金」は簡単に言うと、**「売上」として確定しているけど、まだ入金されていないもの**。請求書を出した時点や、納品時点などで記載しよう。
仕事内容によって、帳簿で月々の正確な売上を把握する必要がなければ、年末時点で処理するだけで大丈夫。

●買掛金元帳

仕入れの未払状況を記録する。
「買掛金」はカンタンに言うと、**支払いが確定しているけど、まだ払っていないもの**。請求書をもらった時点などで記載しよう。
こちらも帳簿で月々の正確な仕入れを把握する必要がなければ、年末時点で処理するだけで大丈夫。

青色申告の会計ソフトって、どれを選べばいいの？

使いやすさNo・1！　やよいの青色申告

青色申告65万円控除を目指すには、会計ソフトが必須です。

90歳超えの現役バリバリの税理士大先生なら、そろばんと手書きで複式簿記での帳簿作成も余裕かもしれません。ですが我々はそんなことはできません。いいや、複式簿記を理解して時間をかけて帳簿を作成すればできないことはありませんが、時間がいくらあっても足りません。

青色申告で65万円控除を獲得する、すなわち複式簿記を巧みに操る。これを、本書は会計ソフトにお任せするスタンスです。

最近のソフトは**複式簿記の理解がなくても操作ができて、出来上がりは複式簿記の帳簿になる**ように、工夫が施されています。

色々なソフトがありますが、**やよいの青色申告（以下、やよい）がイチ推し**。クラウド会計よりインストール型の方が扱いやすいですね。

ただしWindowsでしか使えない…！　やよいに限らず、インストール型はほぼMacでは使えません。

iPhoneのおかげでMacユーザーが増えました。Macユーザーをカバーするためにクラウドの会計ソフトも増えました。が、しかし！　**クラウド版の会計ソフトは、入力の際の反応速度が遅い**。どんどん改善されていますが、それでも遅い。ブラウザ上で動いているから当たり前なのですが、入力に慣れて自分のスピードが上がるとストレスになることがあります。

ソフト導入のお値段もやよいに軍配です。やよいは税法の大改正さえなければ基本は買いきりで対応できますが、**クラウド型は月額課金が続きます**。

また、知名度も見くびってはいけません。やよいの操作方法ならグーグル先生に聞けば、答えは大体出てきます。

クラウドなら、マネーフォワードクラウド会計

もちろん、クラウド会計ソフトが勝っているところもあります。

たとえば、**ネットバンクやクレジットカードとの連携**。あらかじめ登録しておけば自動でデータを引っぱってきて複式簿記の仕訳に起こしてくれます。やよいでもできますが、クラウド会計ソフトよりひと手間かかります。

クラウド会計ソフトは、マネーフォワードクラウドとfreeeの2強だと思いますが、**僕はマネーフォワードクラウド推し**です。

入力と集計の話になりますが、freeeは補助科目※という概念がありません。一応、同等の機能はありますが個人的には少しわかりづらい印象です。そこを除けば遜色ないと思うので、補助科目なんて使わないよ？　という方はどっちでもイイと思います。

まとめると、**パソコン環境で動作可能なら、やよいの青色申告！　パソコン環境でクラウドがベターな方や、ネットバンクとクレジットカードでほぼ取引が完結する方はマネーフォワードクラウド！**　という感じですね。

※勘定科目に枝葉の科目を持たせる機能。たとえば「交際費・飲食」や「交際費・贈答品」など。この飲食や贈答品の部分が補助科目。勘定科目の中で内訳を集計するために使います。

２つめの確定申告書Ｂを作ってみよう
国税庁ＨＰからダウンロードしてみたけど
フウー
バサ
バサ
どう？できそう？
いや……ムリですよ項目が多くてヤル気が出ません
ぞぇっ
書類
ヤル気より吐き気が……
実は「確定申告書Ｂ」には裏ワザがあって！
書類を用意して一から記入するより
国税庁ＨＰの「確定申告書等作成コーナー」からが一番簡単に作れるんだよ！
だ――ん
確定申告作成コーナー
パソコンで申告書を作成される方
ズッ
案内にそって入力すると自動で計算してくれてそれを印刷すれば完成
パチパチ
入力難しい？
うるっ
何も知らなかったら難しいけど
今までに覚えた用語がわかれば簡単！
基本は１つめに作った青色申告決算書を写していく作業だー！
青色申告決算書
会計ソフト
会計ソフトでできるっ
おお～

「確定申告書B」作成前に用意するものリスト

☐ 青色申告決算書

（ある場合は）

☐ 源泉徴収票

☐ 生命保険の控除証明書（10月くらいにハガキが届くよ）

☐ 医療費の明細書

☐ ふるさと納税や寄付金控除の領収書

「確定申告書B」の入力の流れ

1 国税庁HPの「確定申告書等作成コーナー」にアクセスし、「作成開始」をクリック

2 提出方法を選択。ここでは「e-Taxで提出　マイナンバーカード方式」をクリック

3「所得税」をクリック

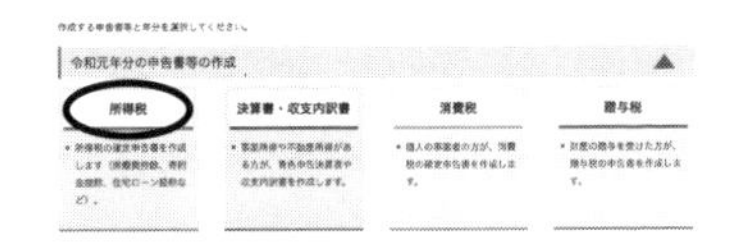

4「左記以外の所得のある方」の「作成開始」をクリック

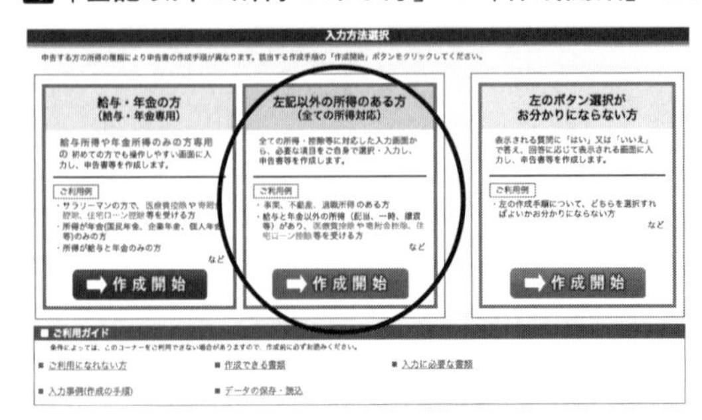

5 生年月日などを入力

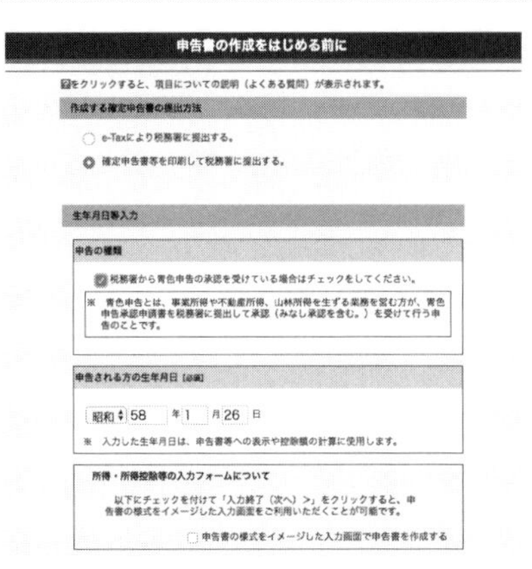

6 ここからが申告書の中身だよ！　まずは**「収入」と「所得」について**

「事業所得」の入力ボタンを押して入力画面へ

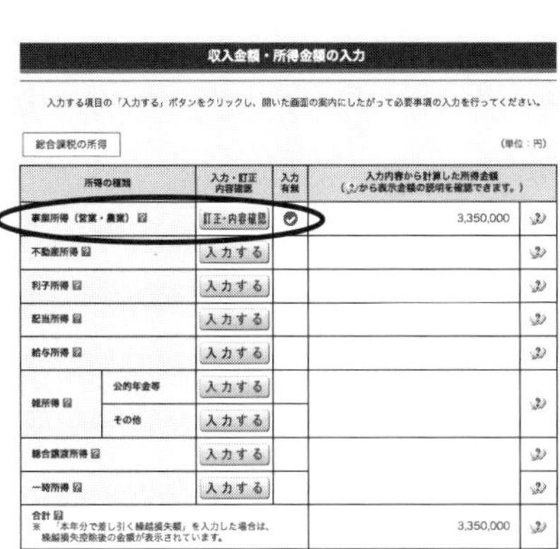

7「売上」と「所得金額」（青色申告特別控除後）を入力

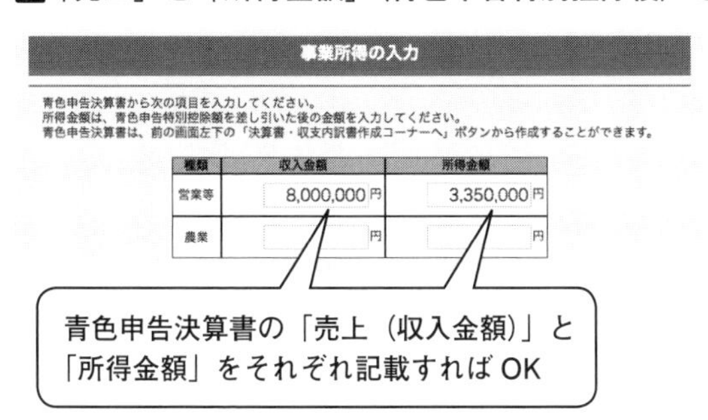

❽「売上の内訳」と「源泉徴収額」を入力

源泉徴収されている収入の内訳入力

収入金額のうち、源泉徴収されている収入（給与や雑所得を除く。）について、内訳を入力します。
支払調書等を基に次の項目を入力してください。
「未納付の源泉徴収税額」欄は、支払調書の交付を受けている方で、源泉徴収税額欄が二段書きで表示されている場合に、上段の額を入力してください。
→入力例はこちら

種目（全角　5文字以内） 支払者の氏名・名称（全角２８文字以内） 所得の生ずる場所（全角２８文字以内）	収入金額	源泉徴収税額	未納付の源泉徴収税額
種目：税理士報酬 名称：株式会社××× 場所：東京都港区×××	4,000,000円	408,400円	円
種目：税理士報酬 名称：確定 太郎 場所：神奈川県横浜市×××	1,000,000	0	
種目：セミナー料 名称：△△△合同会社 場所：東京都新宿区△△△	3,000,000	306,300	
種目： 名称：			

ここが重要！
源泉徴収で所得税が天引きされている分は、ここで記入しないと前払いの所得税が反映されず、損をする！
画面上では「支払調書等を基に」と出てくるが、４章で紹介したように**支払調書は完璧ではない**ので、自分で売上管理したものを記入するのがベスト！

9 次は「控除」について！

所得控除

（単位：円）

所得控除の種類（各所得控除の概要はこちら）	入力・訂正 内容確認	入力有無	入力内容から計算した控除額（?をクリックすると表示金額の解説を確認できます。）	
雑損控除	入力する			?
医療費控除	入力する			?
社会保険料控除	訂正・内容確認	✓	452,000	?
小規模企業共済等掛金控除	入力する			?
生命保険料控除	入力する			?
地震保険料控除	入力する			?
寄附金控除	入力する			?
寡婦・寡夫控除	入力する			?
勤労学生控除	入力する			?
障害者控除	入力する			?
配偶者控除	入力する			?
配偶者特別控除				
扶養控除	入力する			?
基礎控除			480,000	
合計			932,000	

詳しくは 6 章 176p へ

「国民健康保険」と「国民年金」は払った全額が控除額！

詳しくは 6 章 160p へ

ふるさと納税などが該当！詳しくは 6 章 156p へ

ほぼ全員 48 万円適用できる！自動で入力されます

⑩「青色申告の特典」などについて！
自分が適用する青色申告の特典を入力

その他の項目

（単位：円）

項目	入力・訂正内容確認	入力有無	入力内容等
予定納税額	入力する		れにご注意ください。
専従者給与額の合計額	入力する		
青色申告特別控除額	訂正・内容確認	✔	650,000
平均課税対象金額	入力する		
変動・臨時所得金額			
本年分で差し引く繰越損失額	入力する		前年から繰り越された「上場株式等の譲渡損失」又は「先物取引に係る損失」がある方は、「収入金額・所得金額の入力」画面の「株式等の譲渡所得等」又は「先物取引に係る雑所得等」の入力画面から入力してください。

家族に給与を出したらここ！詳しくは143pへ

控除額65万円or 55万円or10万円控除を記入！

赤字を繰り越したらここ！詳しくは147pへ

11 税額が確定！

この例だと、所得が 3,350,000 円、所得から引ける控除額が 932,000 円なので、計算の結果、所得税と復興特別所得税を合わせて 147,330 円となる。ここから、前払いしていた所得税 714,700 円が引かれるので、567,370 円が還付される。

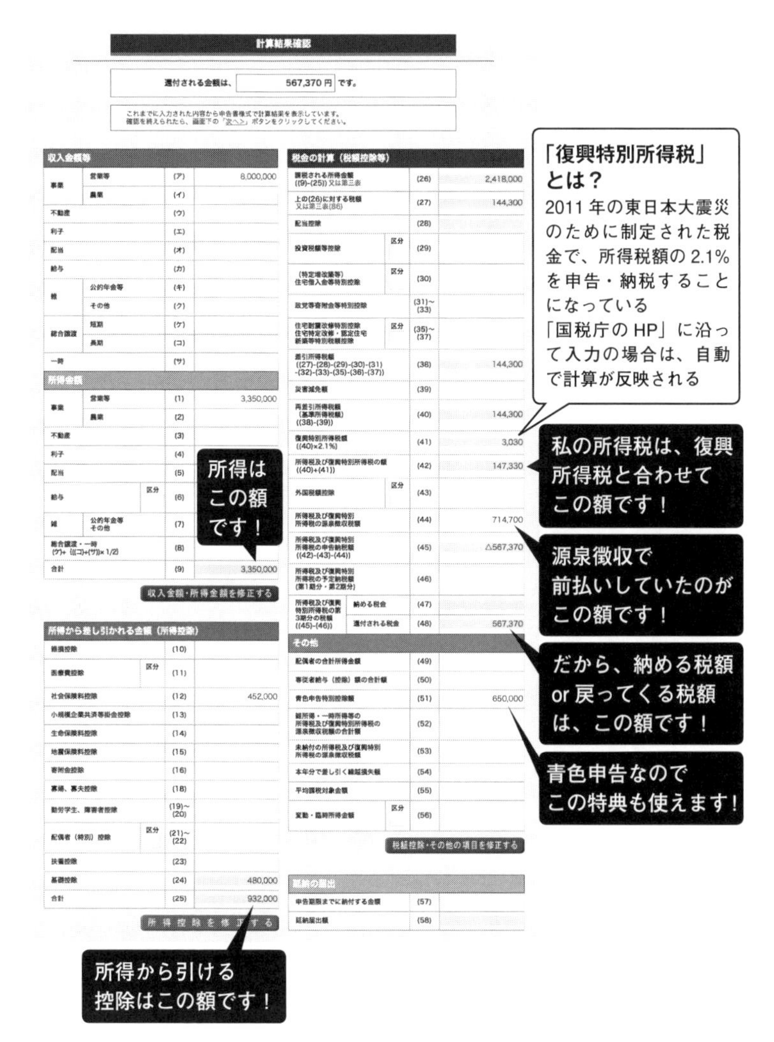

計算結果確認

還付される金額は、 567,370 円 です。

これまでに入力された内容から申告書様式で計算結果を表示しています。
確認を終えられたら、画面下の「次へ>」ボタンをクリックしてください。

収入金額等			
事業	営業等	(ア)	8,000,000
事業	農業	(イ)	
不動産		(ウ)	
利子		(エ)	
配当		(オ)	
給与		(カ)	
雑	公的年金等	(キ)	
雑	その他	(ク)	
総合譲渡	短期	(ケ)	
総合譲渡	長期	(コ)	
一時		(サ)	
所得金額			
事業	営業等	(1)	3,350,000
事業	農業	(2)	
不動産		(3)	
利子		(4)	
配当		(5)	
給与	区分	(6)	
雑	公的年金等 その他	(7)	
総合譲渡・一時 (ケ)+ {((コ)+(サ))× 1/2}		(8)	
合計		(9)	3,350,000

収入金額・所得金額を修正する

所得から差し引かれる金額（所得控除）			
雑損控除		(10)	
医療費控除	区分	(11)	
社会保険料控除		(12)	452,000
小規模企業共済等掛金控除		(13)	
生命保険料控除		(14)	
地震保険料控除		(15)	
寄附金控除		(16)	
寡婦、寡夫控除		(18)	
勤労学生、障害者控除		(19)～(20)	
配偶者（特別）控除	区分	(21)～(22)	
扶養控除		(23)	
基礎控除		(24)	480,000
合計		(25)	932,000

所得控除を修正する

税金の計算（税額控除等）			
課税される所得金額 ((9)-(25)) 又は第三表		(26)	2,418,000
上の(26)に対する税額 又は第三表(86)		(27)	144,300
配当控除		(28)	
投資税額等控除	区分	(29)	
（特定増改築等）住宅借入金等特別控除	区分	(30)	
政党等寄附金等特別控除		(31)～(33)	
住宅耐震改修特別控除 住宅特定改修・認定住宅新築等特別税額控除	区分	(35)～(37)	
差引所得税額 ((27)-(28)-(29)-(30)-(31)-(32)-(33)-(35)-(36)-(37))		(38)	144,300
災害減免額		(39)	
再差引所得税額（基準所得税額） ((38)-(39))		(40)	144,300
復興特別所得税額 ((40)×2.1%)		(41)	3,030
所得税及び復興特別所得税の額 ((40)+(41))		(42)	147,330
外国税額控除	区分	(43)	
所得税及び復興特別所得税の源泉徴収税額		(44)	714,700
所得税及び復興特別所得税の申告納税額 ((42)-(43)-(44))		(45)	△567,370
所得税及び復興特別所得税の予定納税額（第1期分・第2期分）		(46)	
所得税及び復興特別所得税の第3期分の税額 ((45)-(46))	納める税金	(47)	
所得税及び復興特別所得税の第3期分の税額 ((45)-(46))	還付される税金	(48)	567,370
その他			
配偶者の合計所得金額		(49)	
専従者給与（控除）額の合計額		(50)	
青色申告特別控除額		(51)	650,000
雑所得・一時所得等の所得税及び復興特別所得税の源泉徴収税額の合計額		(52)	
未納付の所得税及び復興特別所得税の源泉徴収税額		(53)	
本年分で差し引く繰越損失額		(54)	
平均課税対象金額		(55)	
変動・臨時所得金額	区分	(56)	

税額控除・その他の項目を修正する

延納の届出		
申告期限までに納付する金額	(57)	
延納届出額	(58)	

⑫ 名前や納税地、マイナンバーや還付金受取口座を入力して、印刷すれば「確定申告書B」の完成！

＜第1表＞

日本橋 税務署長　年　月　日　令和　年分の所得税及び復興特別所得税の確定申告書B　FA0125

第一表（令和年分以降用）

住所：東京都中央区
令和2年1月1日の住所：同上
フリガナ：オオコウチ カオル
氏名：大河内 薫
性別：男
職業：税理士
屋号・雅号：ArtBiz税理士事務所
世帯主の氏名：大河内薫
世帯主との続柄：本人
生年月日：3 58.01.26
電話番号：自宅・勤務先・携帯 090 － 0000 －
種類：○
整理番号：00000000

（単位は円）

区分	項目	番号	金額
収入金額等	事業 営業等	㋐	8000000
	事業 農業	㋑	
	不動産	㋒	
	利子	㋓	
	配当	㋔	
	給与	㋕	
	雑 公的年金等	㋖	
	雑 その他	㋗	
	総合譲渡 短期	㋘	
	総合譲渡 長期	㋙	
	一時	㋚	
所得金額	事業 営業等	①	3350000
	事業 農業	②	
	不動産	③	
	利子	④	
	配当	⑤	
	給与 区分	⑥	
	雑	⑦	
	総合譲渡・一時 ㋚＋{(㋘＋㋙)×1/2}	⑧	
	合計	⑨	3350000
所得から差し引かれる金額	社会保険料控除	⑩	452000
	小規模企業共済等掛金控除	⑪	
	生命保険料控除	⑫	
	地震保険料控除	⑬	
	寡婦、寡夫控除	⑭	0000
	勤労学生、障害者控除	⑮～⑯	0000
	配偶者(特別)控除 区分	⑰～⑱	0000
	扶養控除	⑲	0000
	基礎控除	⑳	480000
	⑩から⑳までの計	㉑	932000
	雑損控除	㉒	
	医療費控除 区分	㉓	
	寄附金控除	㉔	
	合計（㉑＋㉒＋㉓＋㉔）	㉕	932000

区分	項目	番号	金額
税金の計算	課税される所得金額（⑨－㉕）又は第三表	㉖	2418000
	上の㉖に対する税額 又は第三表の㊻	㉗	144300
	配当控除	㉘	
	区分	㉙	
	(特定増改築等)住宅借入金等特別控除 区分	㉚	00
	政党等寄附金等特別控除	㉛～㉝	
	住宅耐震改修特別控除 住宅特定改修・認定住宅新築等特別税額控除 区分	㉞～㊲	
	差引所得税額	㊳	144300
	災害減免額	㊴	
	再差引所得税額（基準所得税額）（㊳－㊴）	㊵	144300
	復興特別所得税額（㊵×2.1%）	㊶	3030
	所得税及び復興特別所得税の額（㊵＋㊶）	㊷	147330
	外国税額控除 区分	㊸	
	源泉徴収税額	㊹	71470
	申告納税額（㊷－㊸－㊹）	㊺	△567370
	予定納税額（第1期分・第2期分）	㊻	
	第3期分の税額（㊺－㊻） 納める税金	㊼	00
	第3期分の税額（㊺－㊻） 還付される税金	㊽	△ 567370
その他	配偶者の合計所得金額	㊾	
	専従者給与(控除)額の合計額	㊿	
	青色申告特別控除額	51	
	雑所得・一時所得等の源泉徴収税額の合計額	52	
	未納付の源泉徴収税額	53	
	本年分で差し引く繰越損失額	54	
	平均課税対象金額	55	
	変動・臨時所得金額 区分	56	
延届納の出	申告期限までに納付する金額	57	00
	延納届出額	58	000

←復興特別所得税額の記入をお忘れなく。

還付される税金の受取場所：みずほ　銀行　×××　支店
預金種類：普通
口座番号・記号番号：8888888

整理欄　区分 A B C D E F G H I J K

税理士署名押印・電話番号　－　－　㊞

＜第2表＞

令和□年分の所得税及び復興特別所得税の確定申告書B

整理番号 000000000　FA0079

住所 東京都中央区
屋号 ArtBiz税理士事務所
フリガナ オオコウチ カオル
氏名 大河内 薫

○ 所得の内訳（所得税及び復興特別所得税の源泉徴収税額）

所得の種類	種目・所得の生ずる場所又は給与などの支払者の氏名・名称	収入金額	源泉徴収税額
事業	税理士報酬 株式会社××× 東京都港区	4,000,000	408,400
事業	税理士報酬 確定太郎 神奈川県横浜市	1,000,000	0
営業	税理士報酬 △△△合同会社 東京都新宿区	3,000,000	306,300

㊹ 源泉徴収税額の合計額 714,700円

○ 雑所得（公的年金等以外）、総合課税の配当所得・譲渡所得、一時所得に関する事項

所得の種類	種目・所得の生ずる場所	収入金額	必要経費等	差引金額
		円	円	円

○ 特例適用条文等

○ 事業専従者に関する事項

事業専従者の氏名	個人番号	続柄	生年月日	従事月数・程度・仕事の内容	専従者給与（控除）額
			明・大 昭・平 . .		
			明・大 昭・平 . .		

㊿ 専従者給与（控除）額の合計額

○ 住民税・事業税に関する事項

○ 所得から差し引かれる金額に関する事項

⑩ 社会保険料控除

社会保険の種類	支払保険料
国民年金	192,000円
国民健康保険	260,000
合計	452,000

⑪ 小規模企業共済等掛金控除

掛金の種類	支払掛金
	円
合計	

⑫ 生命保険料控除：新生命保険料の計／旧生命保険料の計／新個人年金保険料の計／旧個人年金保険料の計／介護医療保険料の計

⑬ 地震保険料控除：地震保険料の計／旧長期損害保険料の計

⑭〜⑮ 本人該当事項：□ 寡婦（寡夫）控除（□死別 □生死不明 □離婚 □未帰還）　□ 勤労学生控除（学校名）

⑯ 障害者控除　氏名

⑰〜⑱ 配偶者（特別）控除：配偶者の氏名　生年月日（明・大 昭・平）　□配偶者控除　□配偶者特別控除　個人番号

⑲ 扶養控除：控除対象扶養親族の氏名　続柄　生年月日　控除額（万円）　個人番号

⑲ 扶養控除額の合計

㉒ 雑損控除：損害の原因　損害年月日　損害を受けた資産の種類など　損害金額　保険金などで補塡される金額　差引損失額のうち災害関連支出の金額

㉓ 医療費控除：支払医療費等　保険金などで補塡される金額

㉔ 寄附金控除：寄附先の所在地・名称　寄附金

第二表（令和 年分以降用）○第二表は、第一表と一緒に提出してください。○国民年金保険料や生命保険料の支払証明書など申告書に添付しなければならない書類は添付書類台紙などに貼ってください。

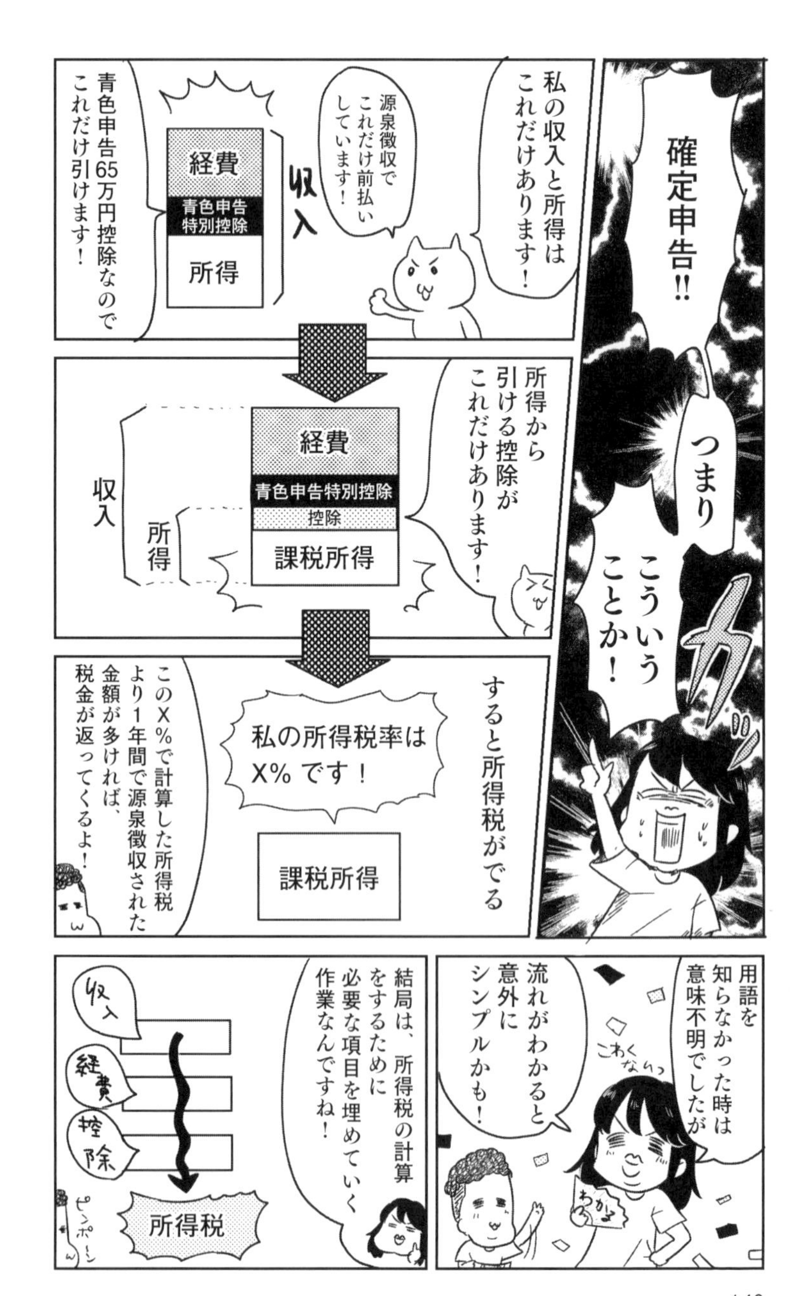

確定申告!!
つまり
こういうことか！
カッ
私の収入と所得はこれだけあります！
源泉徴収でこれだけ前払いしています！
収入
経費
青色申告特別控除
所得
青色申告65万円控除なのでこれだけ引けます！
所得から引ける控除がこれだけあります！
経費
青色申告特別控除
控除
課税所得
収入
所得
すると所得税がでる
私の所得税率はX% です！
課税所得
このX%で計算した所得税より1年間で源泉徴収された金額が多ければ、税金が返ってくるよ！
用語を知らなかった時は意味不明でしたが
流れがわかると意外にシンプルかも！
こわくないっ
わかる
結局は、所得税の計算をするために必要な項目を埋めていく作業なんですね！
収入
経費
控除
所得税
ピンポーン

確定申告を出しに行こう！
ついに……！
確定申告が完成！
確定申告
あとは出すだけだね
よくぞここまで！
提出するものは主にこの３つ
①青色申告決算書
②確定申告書B
③控除証明書や源泉徴収票など
3月15日までですよ〜
領収書やレシートはいらないよ
提出方法
①ネット（e-Tax）で電子申告する
24時間OK!
電
電子申告をするのにマイナンバーカードとカードリーダーが必要！
控除証明書などの提出を省略できるよ
65万円控除ができて一番お得だからおすすめ！
②税務署に持参する
お待ちしてました〜
手渡しなので明らかな不備があればその場で指摘してもらえる！
ただし締切前は混みます！
③郵送で提出する
控えを送ってもらうために自分宛の返信封筒（切手付で）を入れるのを忘れずに！
POST
申告期限当日の消印有効だよ混雑の心配なし
明らかな不備は後日電話がかかってくるよ

私、昨年は還付申告だったのですが
もし期限の3月15日を過ぎるとどうなるんですか？
うーん？
ピク
還付は5年以内ならOK

それはそれは恐ろしい……
ペナルティ発生だよ
守て期限
ち～ん
恐ろしい……
コワイでしょ
あなたの確定申告心よりおまちしてます～！
期限を守ってペナルティ回避しましょう！
ひよこっ

青色申告65万円控除の人は……
控除額が10万円に減額!!
特典がっっ
ギャァ～
ペナルティ
65万円
10万
え、
課税所得UP!!!
さらに！2年続けて遅れると青色申告取り消しになる可能性もないとはいえない……
青色特典
10万
白色のみ……！
控除0円……！
アアア

大河内先生のやさしい税金講座⑦

まだまだあるよ！　青色申告のすごいメリット

65万円控除の破壊力がありすぎて、それだけに目を奪われがちな青色申告。実は他にも色んな特典があります。もちろん10万円控除の人も適用ＯＫ！何度も言いますが、白色申告のメリットは１つもないですよ。

家族に給料を支払える（青色事業専従者給与）

ひと言で言うと、**「仕事を手伝ってくれた家族にお金を払って、それを経費にできる」**ということ。払うといっても、**家族という大枠で見た時にはお金は減っておらず**、あなたから家族へ資金移動をしただけ。あんじゅ先生も両親に色々と手伝ってもらっていましたが、あんな感じでＯＫです。

何十万円も払うのはダメですが、仕事に相応な金額、たとえば**一般的な時給相場なら大丈夫**です。都道府県の最低賃金を下回らないようにしましょう。※1

ただし、いきなり給料を支払っても認められません。新たに家族を雇った日から2ヶ月以内に、税務署に**「青色事業専従者給与に関する届出書」の提出が必要**です（国税庁のＨＰでダウンロード可能）。

職務の内容、給与の金額、支給期などを記載することになっています。**記載した金額以上の給料は出せないので注意。**※2

あとは、**「給料を支給する家族に条件がある」**&**「青色申告決算書に記載が必要」**なので確認しておきましょう。

※1　専従者給与を支給している相手を、配偶者控除や扶養控除にすることはできないので注意！
※2　最初に届け出た内容を変更する時は、再度届出書の提出が必要

〈青色事業専従者給与を支給できる家族〉

・青色申告者と同一生計の配偶者やその親族
・確定申告対象年度の12月31日現在、15歳以上
・年間を通じて半年を超える期間、青色申告者の営む事業に専ら従事している

〈青色申告決算書の記載の仕方〉

たとえば、父に月5万円、年間60万円の給与を支払った場合、次の2カ所への記入が必要です。

（ここでは手書き用の青色申告決算書を例に紹介していますが、会計ソフトの入力画面も基本は同じです）

<青色申告決算書 1 枚目>

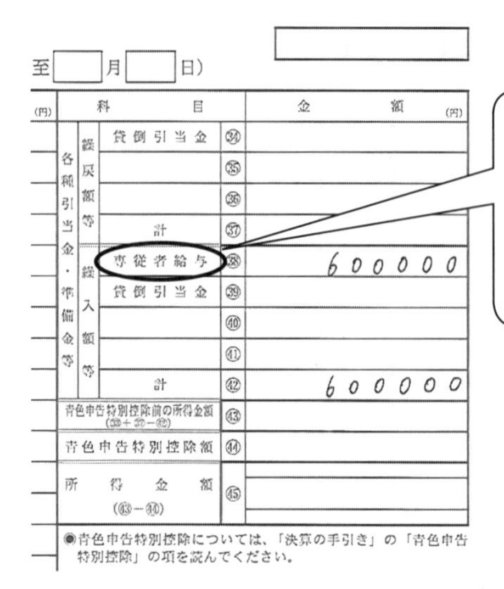

至　月　日）

科目				金額（円）
各種引当金・準備金等	繰戻額等	貸倒引当金	㉞	
			㉟	
			㊱	
		計	㊲	
	繰入額等	専従者給与	㊳	600000
		貸倒引当金	㊴	
			㊵	
			㊶	
		計	㊷	600000
青色申告特別控除前の所得金額（㉝＋㉑－㊷）			㊸	
青色申告特別控除額			㊹	
所得金額（㊸－㊹）			㊺	

◉青色申告特別控除については、「決算の手引き」の「青色申告特別控除」の項を読んでください。

<青色申告決算書２枚目>

○専従者給与の内訳

氏名	続柄	年齢	従事月数	支給額 給料	支給額 賞与	支給額 合計	所得税及び復興特別所得税の源泉徴収税額
大河内 xx	父	xx 歳	12 月	600,000 円	0 円	600,000 円	0 円
計							

ここに家族の情報を記載！

10万円以上の高額な経費を1年で経費にする

通常、高額なモノは単年度で経費にならず、税法で定められた期間に分けて経費になります。その期間を**「耐用年数」**と呼び、国税庁のHPで確認できます。(たとえば、**新車なら6年、パソコン4年、カメラ5年**など)

耐用年数で資産を複数年に分けて経費とするときは「減価償却費」という科目を使います。

高額の基準は10万円。それ以上のモノを購入した場合は、原則1年で経費にすることはできません。もうこれは、どこまでいっても**金額のみの判断**です。極論を言えば、車だって10万円未満なら単年で消耗品費として経費になりますし、万年筆でも10万円以上ならば減価償却の対象です。

ところが**青色申告の場合、30万円未満までは1年で経費にできます。**※3

※3 10万円以上30万円未満の資産の合計が年間300万円を超えると、その超えた部分は特例対象外になるので注意が必要です。

この特例を受けるためには、**青色申告決算書の3枚目への記載が必要**です（会計ソフトでの入力画面も基本は同じです）。

記載の仕方はとても簡単。商品の名称、取得年月、取得価格、本年分の減価償却費（＝購入した金額）、そして**最後の摘要欄に「措置法28条の2」と記入**すればOKです。

<青色申告決算書３枚目>

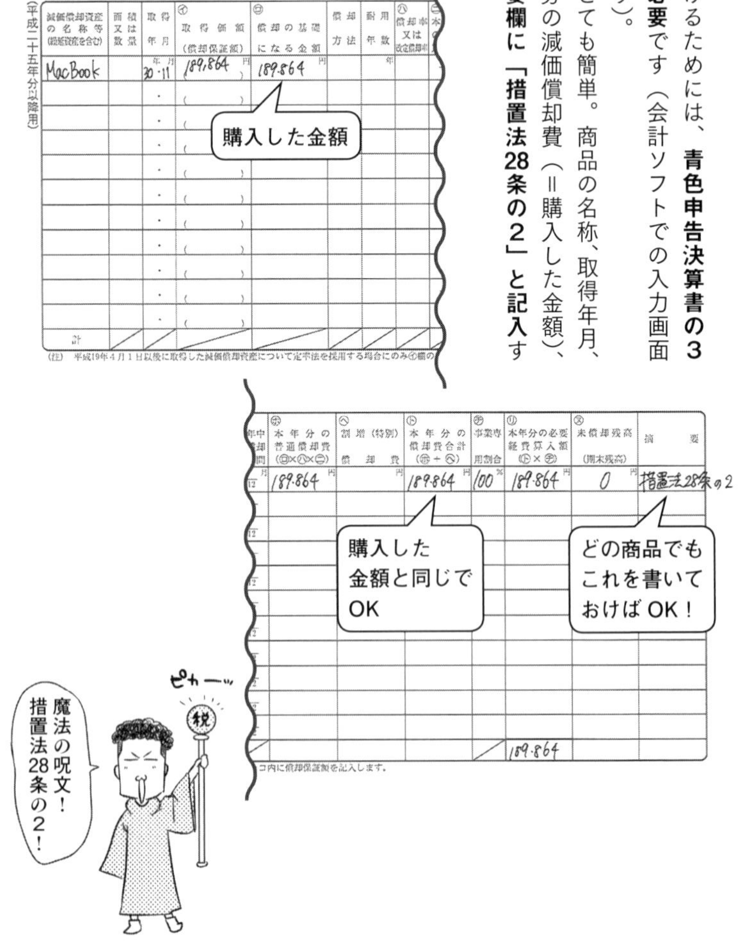

赤字を繰り越せる（損失の繰越）

最後は赤字になった時のお話です。ひと言で言うと、**「赤字が出たら、翌年の確定申告の黒字と相殺できる」**という感じです。

赤字とは**所得金額がマイナスになること**で、所得が黒字で控除の方が多い場合も一見マイナスっぽく見えますが、赤字とは言いません（実際にそのケースはマイナスにならず、課税所得がゼロとなります）。

この**赤字の繰越は最大3年間できます**が、フリーランスが3年間赤字というのは生死に関わることだと思います。この特典は「フリーランス初年度は貯金を食いつぶして赤字になってしまった…！」という時ぐらいにしか使わないと覚えておきましょう。

青色65万円控除のために電子申告をせよ！

令和2年の確定申告から、今までの条件に加えて**「電子申告」または「電子帳簿保存」をしないと、青色申告65万円控除が使えなくなりました。**本書では断然「電子申告推し」です！

電子帳簿保存は、文字通り領収書などの保存書類を全部データで保存しておくもの。しかし、事前に税務署への届け出が必要だったり、レシートなどの紙データをスキャンするのが面倒だったり、そして何よりできたばかりの制度なので、税務調査の前例がないのも手が出しづらいですね。

電子申告は**マイナンバーカードとカードリーダー（別途購入が必要）があれば自宅のパソコンからでも申告可能**です。申告期限ギリギリでカードなどの準備が間に合わないときは、税務署に相談すれば難なく電子申告にありつけるので、困った時は相談しましょう！

確定申告書の作成を、誰かに相談したいと思ったら

無料で相談できるチャンスがある

あなたの確定申告書、誰が作っていますか？　あなたが作るか税理士が作るか。結局は二択ですよね。

個人事業主の場合は、自力でやっている方もたくさんいますし、可能ならば自力を推奨します（法人の場合は、自力でやろうとしてはいけません）。

また、誰かの知恵を借りながら自力でやるというのもアリです。

実は、**税理士以外にも確定申告について相談に乗ってくれる人**がいます。しかも**無料**で。それが**税務署の方々**です。

税務署にどんなイメージを持っていますか？　大半の人は怖い、怒られそうって思っているはず。ところがどっこい、**税務署の方々は納税しようとする人には優しい**ですよ。

確定申告の時期を外していけば、あまり並ぶことはないし、確定申告書の作成の仕方をきちんと教えてくれます。**自力で青色申告決算書まで作成できたら、確定申告書は税務署の方の力で作成するというのは大いにアリ**でしょう。

あとは、税理士に相談したいけどちょっとコストが……という方に朗報！

2月以降は、税理士会と税務署が組んで「確定申告無料相談会」が行われます。

毎日ではないけど、税務署に税理士が待機する日があるので、最寄りの税務署に問い合わせてみましょう。予定が合えば税理士に無料相談できるので、ぜひ行ってみて下さいね。

税理士に相談した方が得なのはどんな時？

普通に税理士に依頼するのは有料だけど、人によっては多大なメリットはあるので、ここでは「こういう状況の人は税理士に依頼すると得だと思うよ？」というケースを紹介しておきます。

まず、現在65万円以上所得があって白色申告で提出している人は、青色申告の65万円控除に変更するだけで、**最低でも9万7500円ほど得をします**。65万円所得が減って、その分の税金、65万円×15%＝9万7500円が減るからです（税率は最低でも、所得税5%と住民税10%の合計15%ですからね）。

もしこの額よりも安く受けてくれる税理士がいれば、十分に元を取れるとも言えるでしょう。

ただ実際は、**個人事業主の確定申告において、税理士報酬の相場は15万～20万円**くらいだと思います。単純に考えると**最低税率の人は、減る税金より税理士報酬の方が高くつく**ということです。

税理士へ依頼しても金銭的メリットがある人の目安は、所得税率20%以上でしょうか。

ですが、税理士に依頼すると

・経費の線引きが明確になる　↓おそらく税金が減る
・税理士チェック済みの申告書になる　↓安心
・確定申告の作業から解放される　↓最高
・税務署とのやりとりがあれば全て代理でやってくれる　↓最高

というメリットはあります。

これらの観点から、確定申告のストレスから解放されたい人は、たとえ自分の出費は増えたとしても、税理士を使うのがよいでしょう。まだ白色申告で、青色申告への自信がない方は、これを機にぜひ相談してみましょう。

自分に合った税理士の見つけ方

実際に税理士をどこで探したらいいのか？　契約する際の見極めポイントは？　ということをよく聞かれます。

最近はネット検索が主流ですが、覚えておいて欲しいのは、**税理士にはあなたの「お財布」を見せる**ということ。あなたは検索でヒットした、究極にはじめましての人に見せられますか？　僕ならイヤです（笑）。

もともと、この業界は古くから「紹介」が多いです。「君、独立するんだね！　うちの税理士を紹介するよ！」というイメージでしょうか。これならちょっと安心できますね。紹介してくれる人が信頼している人ならなおさらです。

ただ、これには絶対的なデメリットもあります。信頼する人から紹介された税理士は、自分と性格が合わなかったとしても、断りづらいですよね。

余談ですが、この紹介という顧客獲得の流れがあるから、税理士の多くは営業が下手です。

そこで僕が推奨したいのは、**SNSとリアル**。

SNSは言わずもがな、大河内のようなSNSでガンガン発信している税理士をウォッチすることです。Twitter や Facebook の検索で「税理士」と検索してみて下さい。仕事ツールとして積極活用している税理士は多くないですが、発信している人はたくさんいます。

SNSの発信を見続けていれば、人となりがわかってきます。そして好感が持てるならば、気づいた頃にはあなたの中で「税理士といったらその人」になっているでしょう。そうなれば、すんなりと自分のお財布を見せられるはず。

リアルな場もなかなか侮れません。「バーで仲良くなった方がたまたま士業の先生でそのまま顧問お願いしてます」っていう話は意外と聞きます。ですから、確率は低いですが、そういう出会いも大切にしたいですね。

SNSで知り合った税理士に、積極的に連絡してみるのも1つの手です。HPの問い合わせよりSNSのDMとかの方が堅くなくていい感じだと思います。あなたが税理士にフランクさを求めていればですが！

そして契約の見極めは、**スキルがあるかと、性に合うか**。

スキルと言っても特別なものはいりません。最低限、**あなたの業界の専門用語が通じるかどうか**、それくらいは確認した方がいいでしょう。

自分が身を置くビジネス業界にとんちんかんな税理士を選ぶ方が少なくないんですが、皮膚科の先生に産婦人科の診療を受けるようなものですからやめておきましょう。

ですから**見極めで大切なのは、性に合うか**。**あなたと波長が合うか**。これで決めればいいと思います。一般の個人事業主の確定申告はそれほど高い税務知識を要求されません。最後は人間性の合う、合わないで決めてしまって大丈夫かなと個人的には思います。

5章のまとめ

◎確定申告は、青色申告（10万円控除 or 55万円控除 or 65万円控除）しないと大損！
◎青色申告のゴールは「青色申告決算書」と「確定申告書B」という2つの書類を作ること
◎65万円控除をゲットするには、電子申告と会計ソフトが必須

ぶっちゃけポイント

「確定申告書B」は、「国税庁のHPから入力→印刷」の流れが一番カンタン

確定申告書でわからないことがあれば、税務署に行けば、職員の人が教えてくれる

2月以降に税務署で行われる「確定申告無料相談会」は、税理士に無料で相談できるチャンス！

6章

もっと知りたい！
節税&
お得なテクニック

節税の落とし穴

わ……私はとにかく節税がしたいんじゃっ
課税所得をへらすんじゃあ…

節税ーーッ
最新タブレット
めっちゃいいイス
最新i-Poon
ゴオ

待て〜爆買いはやめるんだ〜
とめないでください！私は節税してるんです
ちゃんと聞いて

なんでもかんでも経費にすれば節税になるわけじゃないんだ！
……経費といえど
支払った分は手元から減る！利益が出ていなければ……
ぐいっ

節税ではなくただの浪費だーー！
うう…そうよ私はビンボー漫画家だよっ

お金もないのに欲にまみれた30才未婚のオンナよ、
カッ
あと節税できると得した気持ちになるけど必ずしも節税がいいわけでもない

これってつまり
節税＝課税所得を減らすことだったよね
ぐぐ〜〜
経費
課税所得

「私は所得の少ない人」って言っていることなんだ
えっ
ス
パ
ハッ！なんかはられてる―!?
ガーン
所得の少ない人
たとえば、住宅ローン審査などでは所得に関する書類を提出しなければならない
書
類
★確定申告書の控え
★納税証明書
所得によって
この人は稼ぎが少ないから返済できないでしょ？
とジャッジされる
ローン会社の人
所得で判断される場面
・住宅ローン・事業の融資
・家の入居
など

なんでダメなの！
ダメなものはダメッ！
これが節税の落とし穴
節税もやりすぎ注意
あ〜
所得の少ない人は信用の少ない人
なんだよね
節税してるだけなのに
グレますよッ
フン
所得の少ない人

おいしくてお得！　ふるさと納税

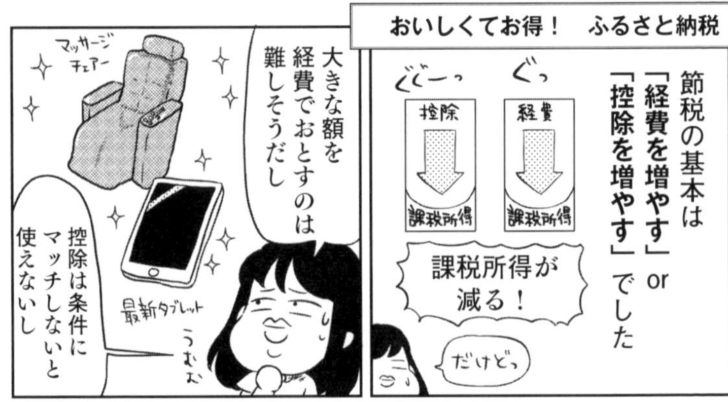

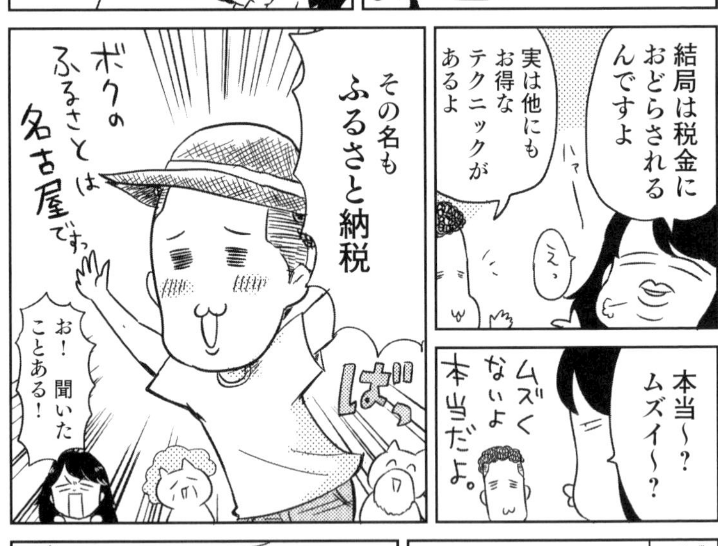

メリットは
応援ありがとう
キャ〜
これは寄付してくれたお返しだよ
肉、魚、お米、野菜、果物、お酒など地方によって色々！
どっさり!!
実質2000円だけの負担で、寄付した金額に応じて地方の名産品がもらえる
よくある勘違い
1万円寄付したら2千円引いた8千円が返ってくるってこと？
丸々現金で戻ってくるわけではなく……
住民税と所得税にこう反映されるよ！
確定申告すると還付金として戻ってくる
所得税
住民税
住民税から控除
推しの地方自治体
寄付っ
税金を自分の好きな地域に前払いしたということ！
寄付という言葉がついているけど得すること間違いなし！
シャラララ〜ン
ぬおっ
じゃあ沢山寄付しよう
あ、自分に戻ってくる金額には上限があるよ
控除には上限額があり その金額は年収や家族構成によって違う
上限より多く寄付しちゃうと損！
「ふるさとチョイス」というサイトで収入や世帯情報などを入力すると調べられるよ
ふるさとチョイス
ぜひチェック！

<控除上限額が３万円だった場合>

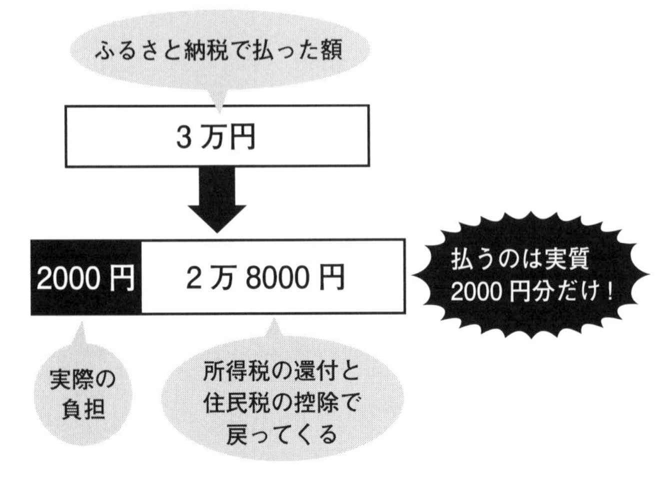

もし３万円以上寄付すると…？

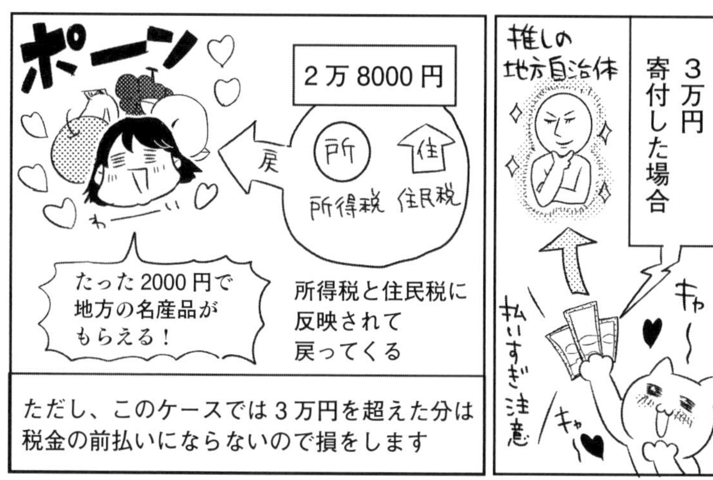

ただし、このケースでは3万円を超えた分は税金の前払いにならないので損をします

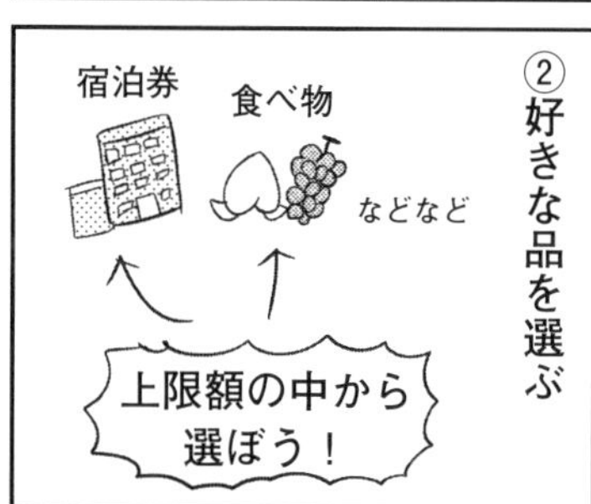

自分に退職金を準備する！　小規模企業共済

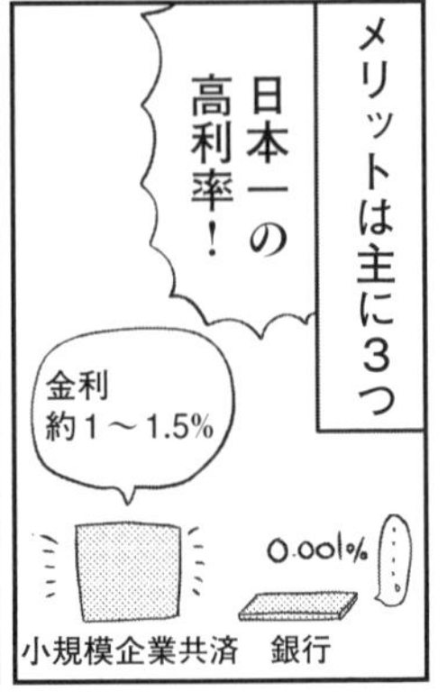

普通預金と小規模企業共済をくらべてみた

たとえば30歳から60歳まで30年間、毎月7万円（小規模企業共済の上限額）を貯め続けるとします。

7万円×12ヶ月＝84万円　（1年間）
84万円×30年＝2520万円　（30年間）

【普通預金に預けた場合】

単純計算すると

30年間預けて、利息は4000円に満たない…！

【小規模企業共済に預けた場合】

中小機構のホームページにある「小規模企業共済制度加入シミュレーション」で試算ができる。条件を入力すると、受取額は約3000万円

30年間預けて、利息だけで約500万円になる…！

掛金は全額控除！
確定申告書Bの
「小規模企業共済等掛金控除」
に忘れずに記載しよう！

所得から差し			
	雑損控除		⑩
	医療費控除	区分	⑪
	社会保険料控除		⑫
	小規模企業共済等掛金控除		⑬
	生命保険料控除		⑭
	地震保険料控除		⑮

ちなみに、
共済金受け取り時に
税金は課されるけど
それを差し引いても
お得です

入っておいて
損はなし!

どこで加入
できるの?

運営している中小機構
(独立行政法人中小企業
基盤整備機構)の
HPからか
金融機関から
加入申請できます

銀行

長くフリーランス
としてやって
いくなら絶対に
入った方が得!

おサイフと
相談だ〜

クネ
クネ

自分に年金を準備する！ iDeCo（イデコ）
2つめは、個人型確定拠出年金
またの名を iDeCo（イデコ）
自分で年金を準備できる
あ……正直さっきの小規模のヤツで満足してます
聞くだけ聞いて!!
もうムズかしいのいらないよ。
「国民年金」への加入は国民の義務でしたが… それとは別に
毎月自分が決めた額を積み立てられる年金がある！
それが iDeCo（イデコ）
年金

自分で掛金を決められる！
小規模企業共済と同じで掛金は控除＝節税！
なんかさっきも見た図だぞ！
どーんっ
ヤメタ
同じ……なのでは？
違うんだよ！ 小規模企業共済は自分で何かする必要はなかったけど
えっ

iDeCoは、加入した時に自分で金融商品を選ぶんだよ！
金融商品って何……？
ほーらっ ちがうでしょ？
金融商品とは
・定期預金
・株式
・投資信託
・債券（社債・国債）
など
フーン

で？
選んでどうするの？
選んだものを
iDeCoが運用
するんだよ
あ、ちょうちょ
じゃあそのイデ子さんに
任せっぱなし？
株ね！
イデ子さん
運用するわよ
ちょっとおせっかい
バーーーン
そうだよ
人じゃないよ
iDeCoいいこと
あるの？
iDeCoのメリット
通常、
資産運用した利益には
高い税率（20％）が
かかるけど…
iDeCoなら
非課税！ 0％！
メリットあるわよ
オホホホ
ある程度リスクを
とってでも
資産運用したい！
ハイリスク
ハイリターンを
目指したい！
キャッ♡
そんな方には
非課税はお得！
熱い人がイデ子にお似合いよ
ただし年金なので
60歳まで受け取れないので
注意
ドッカーンと
増えると
いいのう〜
資産運用を
バリバリしたい
人にはiDeCoで
ウフ♡
貯金感覚でやるなら
小規模企業共済って
感じかな？
節税目的で生命保険に
入るくらいなら
iDeCoがオススメだよ
小規模〜と
iDeCo
同時に入れるよ

＜小規模企業共済と iDeCo の違い＞

	小規模企業共済	iDeCo（イデコ）
掛金	1000 ～ 7 万円 （500 円単位）	5000 ～ 6 万 8000 円 （1000 円単位）
掛金の変更	いつでも OK （途中解約できる）	年に 1 回 （途中解約できない）
運用	自分でしない	自分でする
利回り	約 1 ～ 1.5 %	運用先による
手数料	かからない	かかる
節税効果	あり（全額控除）	あり （全額控除、運用利益非課税）
受給できるタイミング	65 歳～※、廃業時、解約時など	60 歳～
受給の際の税金	課税される （税制優遇あり）	課税される （税制優遇あり）
申し込み	金融機関、委託団体	金融機関
こんな人にオススメ	確実に貯められてローリスク 自分の退職金として貯めたい人向け！	ハイリスク・ハイリターン ＋αの年金として貯めたい人向け！

※ 20 年以上加入の場合

消費税で賢く得する

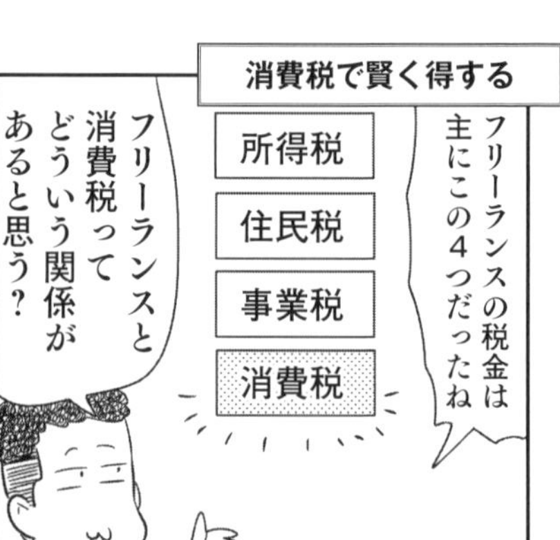
フリーランスの税金は主にこの４つだったね
所得税
住民税
事業税
消費税
フリーランスと消費税ってどういう関係があると思う？

えー？まあ……
買い物の時に払ってるやつですよね
110円です！

違うんだなーそれが！
それは消費者の話！

世の商品やサービスには消費税がのっている
これはお店が代わりに預かって国に納めている
100円+10円
チョコ
100
納税
国さん
どもども～

そして、フリーランスこそがそのお店！
100
値段
消費税
消費税を預かる側でもあるんだ！

あなたが仕事して提供する商品やサービスも消費税が発生します
納税
ども～
あんじゅ先生が描いたマンガの売上にも……

消費税が含まれているんだ～!!
な、なぬぅーー！

でも私、フリーランスとして消費税を納めたことないけど……
ヤバイっ

でもね、消費税は納める人と納めなくていい人がいるんです
ちょっと〜焦ったじゃん
ウフフ

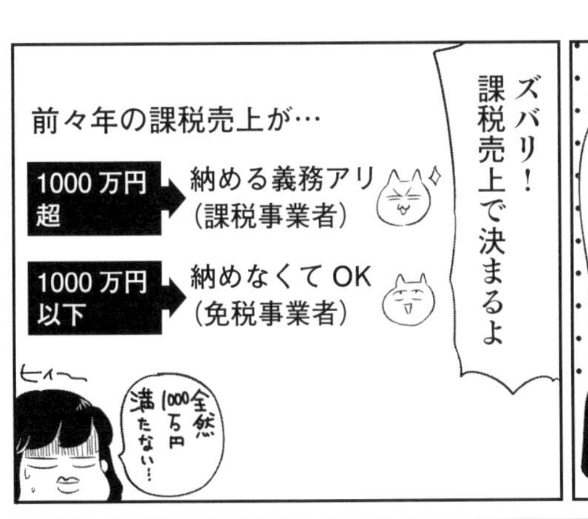
ズバリ！課税売上で決まるよ
前々年の課税売上が…
1000万円超 → 納める義務アリ（課税事業者）
1000万円以下 → 納めなくてOK（免税事業者）
ヒィ〜
全然1000万円満たない…

まあ、私には関係ない話か〜
ビンボーヒマなし！
サッ
それがね

あんじゅ先生のように消費税を納める義務のない人でも……
消費税を請求してOK！
しかも、預かった消費税を納める義務はなし！
んっ
1000万円なんてほど遠い人

預かった消費税はポケットマネーにしていいんだよ
ヒソ…

そ……それは悪いこと!?
ついに本性を現したなっ
もらって問題ないよ！
将来稼ぎが増えたら、その将来に預かる消費税は納めることになるんだし☆
課税事業者になってから急に、今までのクライアントに「請求は税抜きです」とも言いにくいので
最初から消費税を意識して見積もりを請求！
請求書
円
＋
消費税
カーッ
値段交渉の際は、初めから「税抜き」であると伝えて交渉！

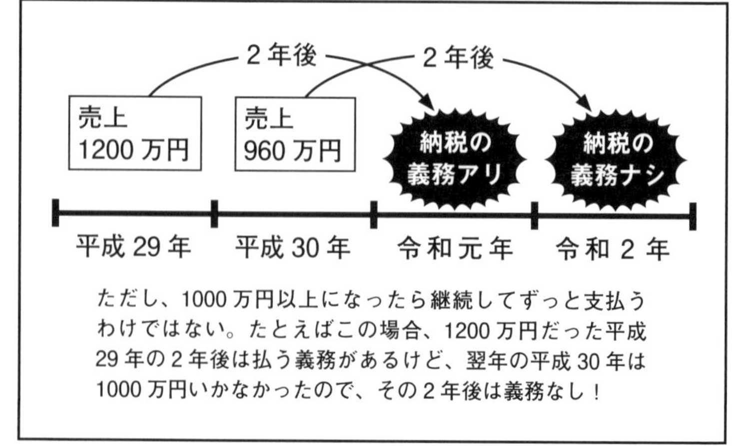

ただし、1000万円以上になったら継続してずっと支払うわけではない。たとえばこの場合、1200万円だった平成29年の2年後は払う義務があるけど、翌年の平成30年は1000万円いかなかったので、その2年後は義務なし！

稼ぎが増えたら法人化？

いや〜オレ法人化するわっ
儲かりすぎちゃってねぇ〜
ぬっ
って、友人が言ってたんですがなんで稼ぎが増えた人は法人化するんですかねぇ
法人化した方が得だからだよ

じゃあ私も法人化？
あんじゅ社長？
あんじゅ先生は稼ぎが少ないからフリーランスがいいよ……

利益が上がってくると法人にした方が税率が安くなる場合があるんだよ
個人の所得税は累進課税制度なので最大が45%だったよね

状況によっては年間利益が600万円ほどで法人にした方が得する人もいるので税理士に相談した方がいいね！
ボクとか？
どーせビンボーマンガ家だよっ
ちぇ

どうせ大河内さんも儲かったから法人化したんでしょっ
シャ〜
節税目的もあるけどそれだけじゃないんだよ〜

お客さんに、より信用してもらうために法人化したんだよ
パア〜
会社じゃなきゃできないこともあるんだよ
いい人だ〜

消費税ってどうやって計算するの？

消費税を支払っているのは他でもない最終消費者です。しかしその最終消費者が消費税を支払っている先は……あれ？　そういえば税務署じゃありませんね。ここに疑問を持つと、消費税という税金の仕組みがわかってきます。

消費税の仕組みとは

消費税は代理で納付してくれる人がいるから成り立つ。その代理となる人たちは、売上と消費税を受け取るお店です。ですから**フリーランスも儲かれば消費税を預かって、その預かった消費税を税務署に納める人になります。**

基準は課税売上1000万円。課税売上というのは、**ざっくりと日本での売上というイメージでOK**です。※

課税売上が1000万円を超えると翌々年から消費税を納める人になります。

消費税の計算方法は2つある

では、どんな金額を納めればいいのか？　売上が税込1100万円なら、預かった消費税100万円を納めればいいのか？　答えはNOです。

フリーランスのあなたは、事業をしていく上で売上をあげる＝消費税を預かりますが、**経費を支払う＝消費税を支払っています。**ですから、**預かった消費税から支払った消費税を差し引いて、差額を納税する**んです。

売上が税込1100万円で、経費が税込330万円だとすると、

①売上1100万円　預かった消費税100万円

②経費３００万円　支払った消費税30万円
↓①100万円－②30万円＝70万円

これが、**原則的な計算による、消費税の納税額**です。（原則課税）

一方、**特例として簡易的な計算方法も用意**されています。その名も**「簡易課税」**という、国によるそのまんまのネーミングです。
簡易課税は課税売上５０００万円以下の会社が採用できる、消費税計算の特例。これも消費税を納める年の前々年で判定します。

預かった消費税は原則的計算と同じですが、支払った消費税はざっくりと計算します。どうざっくりかというと、**「この業種だとだいたい売上の○％くらいの経費支払ってるでしょ？」と決められ、それを元に計算する**感じです。

＜簡易課税制度の事業区分の表＞

事業区分	みなし仕入率	該当する事業
第一種事業	90%	卸売業 （他の者から購入した商品をその性質、形状を変更しないで他の事業者に対して販売する事業）
第二種事業	80%	小売業 （他の者から購入した商品をその性質、形状を変更しないで販売する事業で第一種事業以外のもの）
第三種事業	70%	農業、林業、漁業、鉱業、建設業、製造業（製造小売業を含みます）、電気業、ガス業など
第四種事業	60%	飲食店業など
第五種事業	50%	運輸通信業、金融・保険業、サービス業（飲食店業に該当する事業を除く）
第六種事業	40%	不動産業

（国税庁 HP より）

※国外の売上や何か商品を輸出する売上などには、日本の消費税は含んでいません

この表で見ると、**フリーランスはだいたい第五種事業（サービス業）に分類**されます。「売上に対して50％くらい経費を支払ってるでしょ?」となるわけです。

そうすると、先ほどのケースでの納める消費税は、

①売上1000万円　預かった消費税100万円
②みなし仕入50％→100万円×50％＝50万円なので、支払い消費税50万円（とみなされる）
→①100万円－②50万円＝50万円

これが納税額です。

簡易課税の計算は楽だけど、ここに注意

簡易課税は支払った消費税を無視して、売上のみの情報で全ての計算が終わるので楽です。それもさることながら、**経費が少ないフリーランスの方は簡易課税を選択する方がお得になる可能性**があります。

ただし注意は必要で、いきなり簡易課税を使うことはできません。青色申告同様、お得な情報には事前の届出が付き物。**簡易課税で計算したい年の前年中に**、簡易課税を使いたいよ！　と宣言する**届出書（消費税簡易課税制度選択届出書）を税務署に提出する必要**があります。

もう1つ注意がありまして、**簡易課税は一度使うと2年縛り**があります。スマホの契約みたいなもんです（笑）。ですから**翌年は経費が多そうだな～という場合は、それも含めてどっちがお得か考えなくてはいけません。**

あなたにとって消費税を納めるということは、まだまだ先の話ですか？　それとも近い将来の話？　**計算する方法が原則課税か簡易課税かで、納税額が万単位で変わりますから一考の価値あり**です！

大河内先生のやさしい税金講座⑩

法人化で得をする？　いろんないろんな裏話

いくら利益が出たら法人化？

「フリーランスで利益が500万円くらいなら、法人化すると得らしいよ！」
「いや、利益1000万円くらいらしい！」
「いやいや、売上が1500万円らしいよ！」

　このような議論は、はるか昔から繰り広げられてきました。
　この議論に終止符を打つべく……！　まず問題を整理してみましょう。

〈法人化の目的〉
・節税
・営業のため（顧客との取引上、必要に迫られて）
・かっこいい（社長って名乗りたい）

　目的が節税以外の場合は、冒頭の議論はムダです。さっさと法人設立してください。脱サラ直後にフリーランスを経ずにいきなり会社を作る人がいますが、勢いで突っ走りうまくいくこともあります。なまじフリーランスの期間があると、断片的な知識がついてしまい「今払っている税金より安くなるなら法人にしよう」となってしまうんですね。
　それも立派な指針なのでOKですが、1つ言いたいのは、**「法人にして税金で得するかは、そう簡単にシミュレーションできない！」**。
　法人にすると得をする明確な「利益のライン」があると勘違いしている人は多いです。
　でも、本書でここまで学んだあなたならわかるはず！

フリーランスとして同じ利益でも、税額は異なります。その人が独身なのか、扶養がいるのか、保険に入っているのか、ふるさと納税をしているのか……。これらで控除が変わりましたよね？　事業税に至っては、職種によって税率が異なりました。

つまり、**法人化したときの税金と比較する〝個人の税金〟は、そもそも人によって違う！　シミュレーションは人それぞれ！**　ということです。

法人は社会保険加入の義務がある

さらに追い討ちをかけると、世の中の法人化シミュレーションは「社会保険」をあやふやにしています。というのも、**法人化すると法人で社会保険に入る義務がある**のですが、設立当初は入らない法人が多いのです（本当はいけませんが）。罰則も特になく、昔はそれでまかり通っていたので、法人化シミュレーションは社会保険を加味しないで行うことも多いです。その前提なら年間利益が６００万円あれば法人化でお得になるでしょう。

しかし、**最近は法人での社会保険の加入が厳格化されてきました**（何度も言いますが昔から加入は義務ですよ）。そうすると、法人化でお得となるかのシミュレーションでも社会保険を加味しないわけにはいきません。社会保険を加味すると途端に複雑になる法人化シミュレーション…。なぜなら**法人化した方が社会保険の負担は増えるから**です。

法人が加入する社会保険（厚生年金）は高いです。**保険料総額を従業員と会社で折半して国に納めます。**サラリーマン時代にあなたの給料から天引きされていた社会保険の金額は、必要な保険料の半分だったわけです。

法人化して代表１人の会社なら、給与を受け取るあなたの負担も、法人の負担も、実質全てあなたの負担。だから社会保険の負担は増えると考えます。

という、長い長い前提を踏まえて、さらに前提を加えてシミュレーションをしてみました。

個人と法人、どっちが得か比べてみた

年間利益が800万円の場合、フリーランスと法人のどちらがお得か比較してみましょう。

法人は代表に役員報酬を500万円支給することにより「給与500万円の個人の税負担と法人利益300万円の法人税等」の合計と、フリーランスのままの場合とを比較しています。このケースは法人に軍配です。

このように**個人ごとにシミュレーションするのが一番確実**なので、冒頭の都市伝説めいたみんなの助言は忘れて、**年間利益600万円を超えたあたりで税理士に相談してみましょう。**

<年間利益800万円の個人と法人の税と社会保険の概算比較>※

	フリーランス
利益	8,000,000
青色申告特別控除	-650,000
所得金額	7,350,000
基礎控除	-480,000
課税所得	6,970,000
所得税	967,100
住民税	697,000
事業税	255,000
国民年金	196,080
国民健康保険料	720,708
	2,805,288

	法人代表	法人	
役員報酬	5,000,000	8,000,000	利益
給与所得控除	-1,440,000		
所得金額	3,560,000		
基礎控除	-480,000	-5,000,000	役員報酬
課税所得	3,080,000	3,000,000	課税所得
所得税	210,500		
住民税	308,000		
事業税			
社会保険	693,720	693,720	社会保険
		750,000	法人税等
個人合計	1,212,220	1,443,720	法人合計
	2,655,940		

※個人の年間利益が800万円、35歳独身、扶養親族なしとしています
※住民税の課税所得は、便宜上所得税のものを使っています
※個人事業税率を5%としています
※法人税の実効税率は25%で計算しています

大河内先生のやさしい税金講座⑪

医療費か薬代でも節税できるって本当？

確定申告において控除を取りこぼさないのは、節税のポイントでしたね。その中でも医療費控除は有名だと思います。

年間の医療費が10万円を超えると控除として使えるので、たとえば、**年間の医療費が15万円だったら5万円を所得から控除できる**わけです。

医療費控除とは

医療費とは、簡単に言えば「治療を目的とした医療行為に支払った費用」です。

- 医師、歯科医師による診療や治療
- 治療のためのあん摩マッサージ指圧師、はり師、きゅう師、柔道整復師などによる施術
- 助産師による分べんの介助
- 治療や療養に必要な医薬品の購入　　など

「マッサージは経費か医療費か？」というのはよく議論になりますが、**これらの施術も「治療」で必要なものなら医療費の対象**です。「体調管理」なら経費かどうかの判定になりますが、経費として認められるのは難しいかもしれません。

この医療費控除はどうも使いづらいなぁという印象です。年間医療費が10万円ってなかなか超えなくないですか？　僕が健康すぎるだけ？　**同一生計の家族分の医療費も支払えば含まれます**が、それでもなかなか10万円の壁は厚いです。

しかし！　**２０１７年確定申告分から、医療費控除は大きく変わりました。**まず、医療費控除を含む確定申告をするときに、**領収書の添付義務がなくなりました。**※

また、特例として**「セルフメディケーション税制」**が創設されました。

※医療費の明細書の作成は必要で、領収書の保存義務はあります

セルフメディケーション税制とは

これは「健康の保持増進及び疾病の予防に関する取組を行った方が、1万2千円以上の対象医薬品を購入した場合」に適用されます。……意味わかりませんね（笑）。

ざっくり言うと**「薬局で対象の薬などを購入して、健康診断などを受けてその結果を提出した場合」**に、**1万2千円を超える部分は控除の対象**となります。**医療費控除との選択適用なので、両方の控除を使うことはできません。**

1万2千円なので毎月千円も薬は買わないかなぁと思いつつも、薬を買うたびにしっかりと領収書を保存しておけば意外と届く金額＝控除が適用できるのではないかと思っています。

一部の対象医薬品のパッケージには識別マークが掲載されていますし、**レシートにも「セルフメディケーション税制の対象商品です」と記載**されます。

しかしこのセルフメディケーション税制、驚くほどに浸透していません（笑）。ぜひ、**医療費の領収書と医薬品の領収書を保存して、**確定申告で適用できそうか、見比べてみて下さいね。

＜医療費控除とセルフメディケーション税制の比較＞

	医療費控除	セルフメディケーション税制
対象	治療を目的とした医療費	一部の医薬品
控除対象金額	10万円を超える部分	12,000円を超える部分
控除限度額	200万円	88,000円
確定申告書への添付書類	医療費控除の明細書	・セルフメディケーション税制を適用し計算した確定申告書 ・セルフメディケーション税制の明細書 ・一定の取組を行ったことを明らかにする書類（定期健康診断の結果など）

6章のまとめ

◎「小規模企業共済」で自分への退職金を用意せよ！
◎「個人型確定拠出年金」はハイリスクハイリターンを目指す人はやる価値あり
◎消費税は、前々年の課税売上が1,000万円以下であれば免税
◎年間利益が600万円を超えてきたら、税理士に法人化を相談

ぶっちゃけポイント

節税のために何でも経費にするのは、浪費と紙一重

節税や経費を増やす以外にも、節税できる方法がある

「小規模企業共済」は日本一と言えるほどの高利率！やらないと損！

消費税免税の人でも、消費税を請求してポケットマネーにしてOK!

7 章

実は得する？
副業と確定申告

副業でも確定申告って必要？

……
フッ

税金の申告……つまりサラリーマンは「年末調整」フリーランスは「確定申告」
お姉さんに何でも聞いて？みたいな。
なんだかわかってしまった感あるなァ……

じゃあスミマセン！サラリーマンなんですが
副業はどうしたらいいんでしょうか？できれば会社にバレたくないっス
えっ

えっとぉ
バレたくなかったら隠すしかないですね
だめだよっ
サラリーマンで副業の方も原則、確定申告は必要です！

突然税務調査が来て多額のペナルティが発生する場合も……
まじっスか
儲かっているのなら焼肉をおごりなさい

税務署は個人の口座を確認する術があるし今はSNSですぐに本人を特定できるから副業の脱税は簡単にバレると思った方がいい！
実はね……
税金逃れダメ！ゼッタイ！

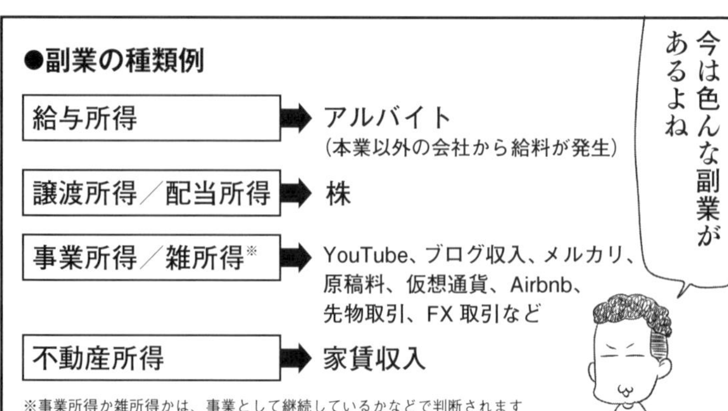
今は色んな副業があるよね
●副業の種類例
給与所得 → アルバイト（本業以外の会社から給料が発生）
譲渡所得／配当所得 → 株
事業所得／雑所得※ → YouTube、ブログ収入、メルカリ、原稿料、仮想通貨、Airbnb、先物取引、FX 取引など
不動産所得 → 家賃収入
※事業所得か雑所得かは、事業として継続しているかなどで判断されます

たとえばブログ収入を得ている人は？
メインの事業として生計を立ててる
バリバリ
事業所得
単発的にお小遣い程度の稼ぎ
ふにゃ〜ん
雑所得
メイン事業ではなくても開業届を出して事業所得にした方が得する場合もあるよ
経費が使える幅が広がって税金が安くなるっ
ほほ〜
オ・ト・ク♥

そして！副業でも確定申告が必要な人がいます！
ズバリっ
副業で確定申告が必要な人
夜バイトやってます
アルバイトで給料を受け取っている人
ブログで稼いでます
アルバイト以外で副業の所得が年間 20 万円超の人
主にこの2パターンですが確定申告しなくてもいい場合もあるよ

ちなみに1個or1組で30万円を超える宝石、絵画、骨董品などには税金がかかるので申告が必要

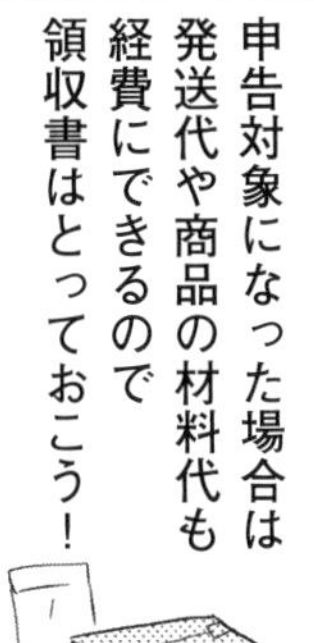

※中古でも新品でもOK

副業でも確定申告したら得する人

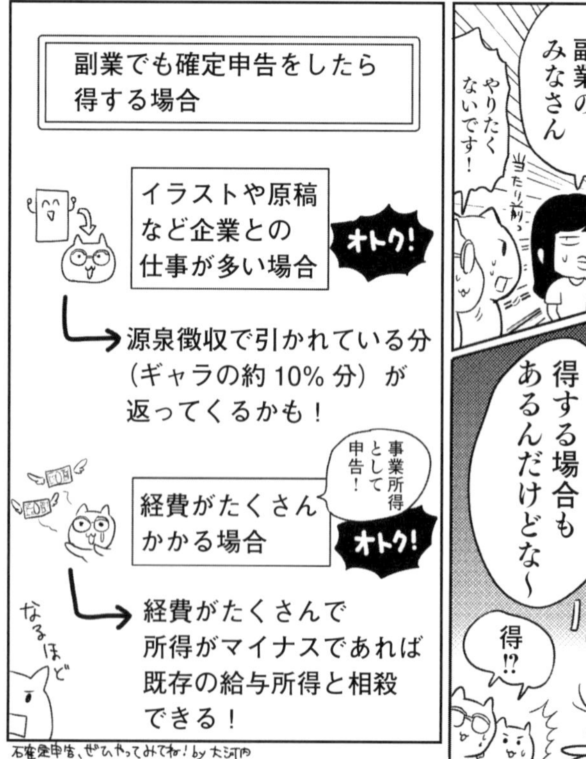

確定申告、ぜひやってみてね！ by 大河内

副業が会社にバレない裏ワザ
絶対に会社に副業をバレたくないんですが
……
禁止なんですっ
えっ
ええ～っ
どうにか所得を20万円以下に……
ダウンダウン
うえ～ん
ムリですよォもう隠しきれないですよ……
きっと
じたばた
マイナンバーカードでバレちゃうんだ……
じたばた
いや！マイナンバーがきっかけではバレはない！
にゅっ
えっ関係ないの？！
キュピーン
副業が会社にバレる一番の原因は
住民税

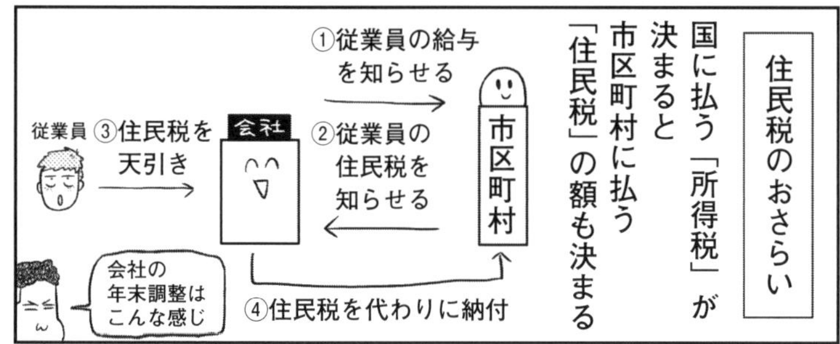
住民税のおさらい
国に払う「所得税」が決まると市区町村に払う「住民税」の額も決まる
①従業員の給与を知らせる
市区町村
②従業員の住民税を知らせる
会社
従業員
③住民税を天引き
④住民税を代わりに納付
会社の年末調整はこんな感じ

副業の稼ぎ分を確定申告する時に

住民税を通知してくれる役所に

「副業分と会社分の住民税を分けて発送して下さい」とお願いするんだ！

ハイ

※絶対ではないので、どうしてもバレたくない人は役所に確認しましょう！ 詳細はコラムで！

大河内先生のやさしい税金講座⑫

絶対に副業を会社にバレたくないなら、知っておきたいこと

確実を求めるならやっておこう

副業が会社にバレないための正攻法はただ1つ。**住民税を通知する役所に、副業分と会社分の住民税を分けて発送してくれと懇願するだけ**です。

ただし、**この欄は結構見落とされがち**です。**絶対にバレたくない人は、確定申告書を提出した後に市区町村役所に確認**しましょう。役所によっては非常に嫌がられますが、背に腹は代えられません。

所得税の確定申告書を提出した旨、役所に情報がいっているのを確認し、そして住民税の納付書を何としても副業と本業で分けて欲しいとお願いするのです。とってもアナログですが、確率を高めるのはこれしかありません。

しかし、それでもダメな時はあります。役所が忘れたり、確定申告書の内容によっては分けられないものもあったりします。副業が〝絶対に〟バレない方法はないのです、残念ですが。

無茶苦茶な結論を言うと、バレたら転職or脱サラしてやるくらいの気持ちで副業をした方が、副業が大きく成功する確率が上がりますからそれがオススメです。

副業の確定申告作業は、フリーランスとさほど変わりません。開業届や青色申告承認申請書は通常通り提出することをオススメします。

一点変わるのは、**本業の源泉徴収票に記載してある情報を、確定申告書Bに記載すること！** これを忘れないようにしましょう。

副業について補足

最後に「副業利益（所得）が20万円以下なら確定申告不要」について補足をします。申告不要となるには次の3つを満たしているのが前提となります。

- **お給料とは別に副業利益がある**
- **副業利益（所得）の合計が年間20万円以下**
- **年末調整でお給料の税金が完結している**

ただし、**「住宅ローン控除や医療費控除の適用のために確定申告する」みたいな、副業と別の理由で確定申告するケース**。この場合は、副業利益が20万円以下でも申告書への記載が必須です。

税務署の趣旨としては「副業利益20万円以下ならお互い大変だし申告いらないよ〜。でも別の用事で申告するなら、ついでに副業の数字も載せてね〜」という感じです。

あともう1つ大きな誤解が。副業利益が20万円以下で確定申告不要なのは住民税の計算について覚えていますか？**「所得税」のお話**です。あなたは所得税の確定申告をすると、自動で市区町村役所に情報が回ります。そして役所が住民税を計算してくれます。

理由はどうあれ、所得税の確定申告をしないと役所に情報が伝わらず、住民税が計算できません。副業利益20万円以下でも住民税は納める必要があるので、別途役所に情報を伝えなければいけません。

つまり、副業利益20万円以下で所得税の確定申告が不要になっても、**住民税の確定申告をする必要があるんです**。

レアケースなので多くの方が申告漏れしていますが、悪気がなくても税逃れ。注意が必要ですよ！役所によって様式が違うので、住民税だけの確定申告をする時は最寄りの役所に問い合わせましょう！

大河内先生のやさしい税金講座⑬

いまいちよくわからない仮想通貨の税金バナシ

まだまだあやふやな税制度

みなさんは仮想通貨をもっていますか？　僕は仮想通貨が大きく盛り上がる前の〝2017年前半〟から、仮想通貨の税金情報を発信しています。

当時、仮想通貨を所有して情報発信をしている税理士はほとんどいなかったので、ありがたいことに、あれよあれよという間にTwitterのフォロワー数は増えていき、税理士としてはトップクラスのフォロワー数となりました。仮想通貨は面白いです。とてもスピーディーでエネルギッシュ、そしていろんな意味で夢があるテクノロジー分野です。

2017年は仮想通貨元年と呼ばれ、その確定申告はドタバタの中2018年3月15日に終わりました。

その後、国税庁は2018年4月に金融庁や日本ブロックチェーン協会などの業界団体と納税の利便性向上についての意見交換会を開催。続く7月14日、2018年中に仮想通貨所得の確定申告を促す環境整備を進める方針を明らかに。国税庁も「仮想通貨に関する確定申告をなんとかしなくては！」と思っているわけです。

2020年8月現在は、国税庁の公式見解である「仮想通貨に関する税務上の取扱いについて（情報）」に沿って課税関係を考えます。この内容はと〜っても難しいですが、ざっくりまとめると、「仮想通貨をもらった場合、および、所有して手放す際に値上がりをしていて利益が出た場合は税金がかかり、それは原則的には雑所得として分類する」こんな感じです。

つまり、意外とロジックは簡単で、

・仮想通貨をもらえば課税される
・仮想通貨を買って売った時に、売った価格の方が高い場合は課税される

けれど、仮想通貨は日々価格が動いています。株式市場とは違い365日24時間動いています。価格の動きは激しいです。だから仮想通貨の税金は細かい話をすればキリがありません。

買って売って生じた利益はもちろんのこと、仮想通貨をもらえば利益、仮想通貨を他の仮想通貨に交換した時に当初の価格より上がって生じる利益など、**いろんな利益パターンが想定される**わけです。

こうなるとどのタイミングで利益が出て課税されるか頭ではわかるものの、計算は楽ではありません。そもそも株式市場とは違い、共通となる時価を示すものがありません。

ここでポイントとなるのは、納税者側でのルールづくりです。

自分が計算しやすいルールをつくる

時価は取引をした時のものを使うのか、取引をした日の平均を使うのか、取引した取引所の時価を使うのか、自分がメインで取引をしている取引所の時価を全ての取引に適用するか。

ポイントは**納税者側がルールを作るということです。自分の税金が少なくなるルールを作るのではなく、計算しやすいルール**です。

そして**一度作ったルールをコロコロ変えなければ、そこに利益操作の介入の余地はありません。**おそらく、一般の税務調査官より仮想通貨トレードをする納税者の方が仮想通貨に詳しいだろうし、国が決めてくれないルールを自分で決めて、常にそれに沿って利益計算をしていると説明すれば問題になる可能性は低いでしょう。

最後に、僕ならこうするというルールを列挙して、コラムの終わりとします。

- **自分がメインとして使用する仮想通貨取引所が公表している時価を使う**
- **ニッチな通貨だけは、それを扱う取引所の時価を使う**
- **時価は日平均を使う**
- **海外のニッチな通貨を購入する時に円で直接買えない時は、中間の課税ポイントを省略する**

たとえば、円↓ビットコイン↓ライトコイン↓XPと交換をした場合（目的はXPの購入）、厳密に考えるとビットコインをライトコインに交換した時も課税されるが、目的が円でのXPの購入であれば中間の課税関係は全部無視。ただし、円からXPまでの交換が数時間程度で終わっていることが望ましい。

- **なんとなく取引をしている場合は「雑所得」とし、常に相場を確認してトレードを繰り返し、さらにはブログやTwitterで仮想通貨の情報発信をしているようであれば「事業所得」とする**

7章のまとめ

◎副業で確定申告が必要なのは、主に年間所得20万円超の場合（経費分を除く）
◎生活する上での必用品（衣服や家具など）は、フリマアプリで売っても確定申告の必要なし
◎企業との仕事が多い人、経費が多くかかる人は、副業でも確定申告した方が得な場合がある

ぶっちゃけポイント

副業が会社にバレる一番の原因は「住民税」

マイナンバーで副業がバレることはない

確定申告の時に、副業分の住民税は「自分で納付」にチェックすれば、会社にバレにくい！

エピローグ
シュ…
成せば成る！
シュッ
シュ…
成せば成る！
成せば
成る

税金の知識を身につけた私は
自分のスキルをお金にすることに
自信がついた……
もへも
フリーランスになって、
働くことからどこか
逃げていたのかもしれない
シュ
カッ
シュ

お金は価値

価値は信頼
売れ行き好調だっ
おねがいです、次も私に担当させてください!!

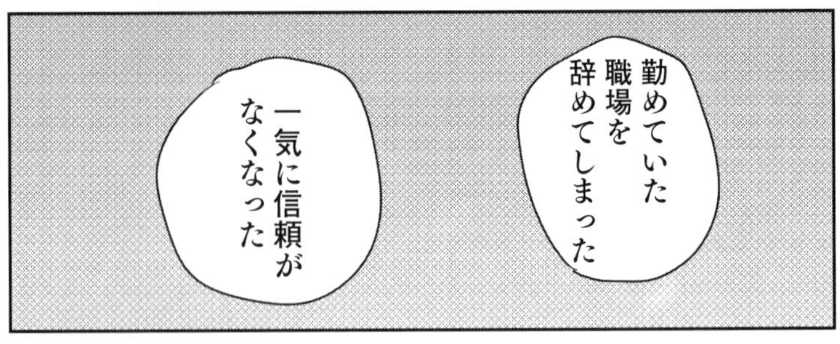
勤めていた職場を辞めてしまった
一気に信頼がなくなった

フリーランスになったことで諦めていた
けど
プチ
また取り戻せる

税金を知り
払うべき税金を
きちんと払えば
信頼は取り戻せる
大河内さん……っ
カラ
でしょ？
ヒュオオ…
ぴ
ヌ

はいッ
！
いい目だ――
フフ
ポン
税金は、いや人生は賢く誠実であれ！

大河内さん……
本当に……本当に……
じわっ

教えていただきまして
ありがとうございました
パサ
税金はむずかしくて
マジメな人しか
理解できないものだと
思っていた
〝税金は正しさが正義〟
間違いは許されないと
信じきっていた

でも……
違った！
完璧じゃ
なくていい
税金は
怖くなんか
なかった

知れば
知るほど
ポッ
税

お得……！
オトクーン
税

オトクン
オトクン
キラ
キラ
キラ
税
キラ
税金のポイントさえ知っていれば
オトクン
オトクン
ふわっ
オトクン
オトクン
税
自分の本業に力を出しきれる
税
税金がわかるフリーランスは本当の意味で強い

だから
フリーランスの
みんな
税
税金のことで不安にならなくて
大丈夫だよ
チュン
チュン

ちょっと！
早く領収書
まとめなさいって
言ったでしょ！
このレシート
消えているけど……
どうしよう
ガビーン
3/14
え―――ん
来年は絶対に
もっと前から
準備するゾォ
（泣）

完

あとがき
こまかいけど
ヒマでしたら
読んでね♡

みなさま〜
読んでいただきまして
本当にありがとうございます
んもぉお本当に
ありがとうございます…！
髪ボサボサ
目の下のくま
そしてこのページも
読んでくださるなんて
なんて心の優しい
お方なんだ！
パキ！
次のお仕事
くださぁい!!

この本が出来た経緯なんですが、
税理士の大河内さんに
お話が来まして…
フリーランスの
みなさんにとっての税金を
わかりやすく伝える本を作ろう！
↓それなら漫画が必要だっ
となり、知り合いの私に声がかかった
という形になります。
超ラッキーです！
マジっすか！
やりますぅ
プラプラしてた→

はじめは、税金についての文章に
漫画を少し入れるものと
思っておりましたが、
編集のOさん
えっ!?
結構私のエピソードを多めに
書かせていただき、
担当ページ数も多く、
大変恐縮でした…。
たくさん描けて嬉しかったです。

制作に関して、
何時間もミーティングを
かさね、会わない日は
チャットで会議し、
練りに練った構成と内容で
本当に本作りって
すごいなぁと感動。
税金ムズ
だれかマンガで
教えて〜
ち〜ん
ず〜っと
税金のハナシ！

私からも
不満点は
ありません。
2人とも
すごい…
言うなれば、
ただ一点…

大河内さんの髪型
ムズすぎるっ!!!!
カリアゲ+パーマ

皆様はじめまして。
編集後記に出させてもらいます！
アシスタントのG!onです。

漫画描いた事ない状態の僕を
起用してくれた先生も、
会ったこともないままに
僕の相談にまで乗ってくれた大河内さん。
この本に関わった方々や、
今手にとって頂いてるあなたにとって、
少しでもいい本となる事に
貢献できている事を願うばかりです。

お金って難しい…
頑張りましょう…！

読んでいただきまして、ありがとうございましたっ

あとがき

「あなたには、夢がありますか？」

芸術学部出身の大河内は、クリエイターのお客様に囲まれて日々過ごしています。クリエイターには「売れるぞ～！」という野心溢れる夢を持っている人も多く、彼らの夢を自分事のように見させてもらっているのです。ありがたや。

本書著者の１人、あんじゅ先生。彼女もまた、夢の途中にいます。漫画家としていつかは連載をもって、書籍化、アニメ化、映画化…。彼女ならいずれやってくれるはず。だけど、もし売れっ子になったとき、昔の税の過ちを突っ込まれたら…？

僕にも夢があります。たくさんあります。１つは税知識の普及。学校や社会ですら教えてくれない税金……、広めたいですね。それは、みんなに得をしてほしいとか、本書を読んでくれたあなたに節税してほしいとかだけじゃない。もちろん、それもあるんだけどね、ただ、あなたが叶えた夢を、台無しにしてほしくない。

あなたには、夢がありますか？　あるんだったら、叶える前に守ってください。守るのは、夢を叶えてからじゃ遅いんです。税金について、社会や学校じゃ教えてくれません。でもそのミスは、悪意があろうとなかろうとスキャンダルにされます。あなたが血の滲む努力で辿りつき、叶えた夢。昔の悪意ない税金の過ち1つで、その努力が水の泡になるかもしれない。それは、あまりにももったいない。

でも、もう大丈夫です。本書を手に取っていただき、本当に、本当に、ありがとうございます！　個人の税金の基礎の基礎は、網羅しました。本書をきっかけに、笑って税金と向き合ってくれたら、これほど嬉しいことはありません！

僕もあなたと同じように、まだまだ夢半ばです。夢を追いかけるもの同士、何か悩むことがあれば、大河内のTwitter（@k_art_u）にいつでもメンションをくださいね。

最後に、SNSで僕を見つけてくれたサンクチュアリ出版副社長の金子さん、編集の大川さん、広報部の筑田さん、営業部の吉田さんほか、全ての社員のみなさま。Twitterで励ましをくれたみんな。応援してくれる全ての方々。そして、あんじゅ先生。みんながいてくれたから、この本ができました。大大大感謝です…！

本書を盾に、あなたの志を矛として、夢に向かっていきましょう！

おおうちかおる

参考文献

『個人事業の経理と節税のしかた』益田あゆみ：監修（西東社）
『フリーランス・個人事業の青色申告スタートブック』
　高橋敏則：監修／ Business Train：著（ダイヤモンド社）
『マンガ　自営業の老後』上田惣子：著（文響社）
『フリーランスを代表して申告と節税について教わってきました。』
　きたみりゅうじ：著（日本実業出版社）

参考 Web サイト

国税庁ホームページ　http://www.nta.go.jp/
日本年金機構ホームページ　http://www.nenkin.go.jp/
文芸美術国民健康保険組合ホームページ
　http://www.bunbi.com/
ふるさとチョイスホームページ　https://www.furusato-tax.jp/
中小機構ホームページ　http://www.smrj.go.jp/

・本書に記載されている情報は、2020 年 8 月時点のものです。法改正などにより、内容が変更になる可能性があります。
・本書に記載されている情報は、一般的なフリーランスを前提としていますが、職種や事業内容によっては該当しない場合や、状況が異なる場合もありますのでご了承ください。

大河内薫　（おおこうち・かおる）

税理士。株式会社 ArtBiz 代表取締役。芸術学部卒という異色の経歴の税理士で、芸能 / クリエイターに特化した税理士事務所を経営。ネットでの発信を得意とし、税理士として日本最大の YouTube「税金チャンネル」運営（登録 25 万人超）。税理士で初めて国税局とのコラボ動画を作成。常に著書 T シャツで活動して、「お堅い」などの税理士のイメージ打破を目指す。自称「日本一フリーランスに優しい税理士」。
Twitter：@k_art_u

若林杏樹　（わかばやし・あんじゅ）

漫画家。新卒で私立大学職員として入職。超ホワイトな職場で 5 年間働くも、長年の夢を叶えるために脱サラし、フリーの漫画家に。全くの無名、ツテなしから、SNS を営業ツールとして駆使し、天才美少女漫画家として幅広く活躍中。これまで税金関係の難しい書類や数字とはできる限り距離を置きたいと願っていたが、本書を機についに確定申告に挑む。ニックネームはあんじゅ先生。
Twitter：@wakanjyu321

**お金のこと何もわからないまま
フリーランスになっちゃいましたが
税金で損しない方法を教えてください！**

2018 年 11 月 20 日 初版発行
2020 年　9 月 18 日 改訂版発行
2023 年　1 月 23 日 第39 刷発行（累計 25 万 7 千部※電子書籍を含む）

著 者　　大河内薫　若林杏樹

デザイン　井上新八
DTP　小山悠太
営業　市川聡・吉田大典（サンクチュアリ出版）
広報　岩田梨恵子・南澤香織（サンクチュアリ出版）
制作　成田夕子（サンクチュアリ出版）
編集　大川美帆（サンクチュアリ出版）

発行者　鶴巻謙介
発行所　サンクチュアリ出版
〒 113-0023　東京都文京区向丘 2-14-9
TEL 03-5834-2507　FAX 03-5834-2508
http://www.sanctuarybooks.jp
info@sanctuarybooks.jp

印刷　株式会社シナノパブリッシングプレス